KiWi Paperback

KiWi 614

Über das Buch

»Mama« legt zu Hause nur einen Zwischenstopp ein, um gleich wieder auf die nächste Fernreise zu gehen und ihrem neuen Liebhaber nachzusteigen, einem tibetanischen Sherpa. »Papa« beginnt zwischen Telearbeit, Thrombosespritze und abendlichem Milchglas im Bett gleichsam zu wuchern. Und die Tochter faßt einen plötzlichen Entschluß …

Die Töchter in Malin Schwerdtfegers Geschichten können in ihren Müttern und Vätern nicht mehr die Garanten für Ordnung sehen, die sie einmal waren. Manchmal nachsichtig, manchmal böse, aber immer planvoll nehmen sie nun ihr Geschick selbst in die Hand, etwa wenn »Mama« gegen alle Vernunft und ärztlichen Rat doch noch einmal schwanger wird und die Tochter, spät, aber endlich zur Frau geworden, zu Hause das Regiment übernimmt. Sie werden zu früh erwachsen und merken, daß die Welt aufregend, aber nicht gut ist. Und so inszenieren sie selbst ihren Abschied von der Kindheit: aufregend, aber nicht unbedingt gut. Entschlossen machen sie sich auf die Suche nach dem Glück und seinen Zutaten, wie Imi, die an den Ausdünstungen der Molkerei, in deren Schatten sie aufwachsen mußte, schier zugrunde geht – bis eines Tages die leichten Mädchen ins Dorf kommen, die so viel besser riechen …

In ihren schon mehrfach ausgezeichneten Erzählungen findet Malin Schwerdtfeger auf Anhieb einen wunderbaren eigenen Erzählton, komisch, böse, poetisch, ironisch. Ein hinreißendes Debüt!

Die Autorin

Malin Schwerdtfeger, 1972 geboren, studiert Judaistik und Islamwissenschaft in Berlin. In Klagenfurt erhielt sie bei den »Tagen der deutschsprachigen Literatur« 2000 einen Preis. »Leichte Mädchen« ist ihr erstes Buch.

MALIN SCHWERDTFEGER

Leichte Mädchen

ERZÄHLUNGEN

Kiepenheuer & Witsch

1. Auflage 2001

Lektorat: Martin Hielscher
Umschlaggestaltung und Umschlagfoto vorn:
Barbara Thoben, Köln
Umschlagfoto hinten: © Kern
Gesetzt aus der Sabon Antiqua (Berthold)
bei Kalle Giese, Overath
Druck und Bindearbeiten: Clausen & Bosse, Leck
ISBN 3-462-02996-7

Inhalt

Mein erster Achttausender

Wieder einmal kam Mama nachts zurück. Sie beugte sich über mich, küßte mich zwischen die Augen, und mir wurde schlecht von ihrem Geruch nach ranziger Yakbutter, nach Qualm und verdorbenem Magen. Noch halb im Schlaf tippte ich auf Tibet oder Nepal. So widerlich konnte nur jemand riechen, der geradewegs aus Zentralasien kam.

Am nächsten Morgen saß sie am großen Tisch im Eßzimmer und rührte Gerstenmehl in ihren Tee.

»Morgen, Schätzchen«, sagte sie, als ich hereinkam, »ist es nicht längst Zeit für die Schule?«

»Wir haben Ferien«, sagte ich. Ich begann im Eßzimmer herumzulaufen und ihre Sachen aufzusammeln, die sie in der Nacht einfach überall hingeschmissen hatte. Matschverkrustete Goretex-Klamotten, Alutöpfe mit angetrockneten Gerstenbreiresten, ein Spezialkocher, die Fotoausrüstung und ihre stinkenden Bergschuhe waren über das ganze Zimmer verteilt. Immerhin hatte sie es noch geschafft, ihren Schlafsack draußen über das Verandageländer zu hängen. Er war bestimmt voller Läuse.

Ich schleppte alles hinaus auf die Veranda. Nur mit dem Kochgeschirr lief ich ins Badezimmer. Ich stellte es in die Wanne und ließ heißes Wasser darüberlaufen.

»Setz dich hin«, sagte Mama, als ich zurück ins Eßzimmer kam. Sie zeigte auf den Stuhl neben sich.

»Hast du irgend etwas mitgebracht, wovon ich wissen sollte?« fragte ich und setzte mich ans entgegengesetzte Ende des Tisches. »Läuse, Krätze, Ruhr, Dengue-Fieber?«

»Ich glaube nicht«, sagte Mama. »Nur Blasen an den Füßen.«

Ich rückte ein paar Stühle weiter vor.

Ich trank meinen Kakao und sah zu, wie sie ihren Tee schlürfte. Sie hatte einen Klumpen Yakbutter in einer schmierigen Plastiktüte vor sich liegen. Davon drehte sie mit den Fingern kleine Stückchen ab, warf sie in den Tee und rührte um, bevor sie den Tee trank.

»Mama«, sagte ich schließlich, »wir müssen dir die Haare waschen!«

Während ich fast eine ganze Flasche Pfirsichöl-Pflegespülung in ihre verfilzte Matte einmassierte, erzählte Mama ungefragt von Steinschlägen am Annapurna, Überschwemmungen im Rolwalingtal und Schneestürmen in Solo Khumbu. Sie erzählte von den Wäldern Osttibets, wo es Blutegel regnet, von chinesischen Dorfgefängnissen und betrunkenen Polizisten, von Bussen, die in tiefen Schluchten zerschellen und von den schwarzgefrorenen Gesichtern der Bergsteiger, die in den verrotteten Absteigen von Lukla im Everest-Gebiet auf ihren Rückflug nach Kathmandu warten. Sie erzählte davon, wie die Höhenkrankheit ihr Gehirn aufweichte, als sie versuchte, den Pumori zu besteigen, und von der dünnen Luft des Himalaja, die das Blut träge macht und an der sich die Lungen wundatmen.

Zwei Stunden später hatte ich den letzten Knoten aus ihren Haaren gekämmt und alle Blasen an ihren Füßen aufgestochen und desinfiziert. Dann war Mama wieder so müde, daß sie sich aufs Sofa legte und sofort einschlief.

Das Telefon klingelte. Es war Arne von *Trekking Guides*.

»Hallo«, sagte Arne. »Ist sie da?«

»Sie schläft«, sagte ich, »und will nicht gestört werden. Schon gar nicht von euch.«

»Sie soll nicht so viel schlafen, lieber schreiben«, sagte Arne.

Ich legte einfach auf.

Ich kochte Kaffee für Papa. Dann brachte ich Papa den Kaffee, eine Schüssel Cornflakes und seine Thrombosespritze auf einem Tablett ans Bett.

Im Schlafzimmer war es kühl und dunkel. Aber Papa war schon wach. Sein Laptop warf einen grünlichen Schimmer über die zerwühlte Bettdecke. Papa nannte das, was er machte, Telearbeit, das heißt, er hatte einen Internetanschluß und einen E-mail-account und brauchte nie aufzustehen. Ich stellte das Frühstück neben den Laptop auf sein Bett.

»Sie ist wieder da«, sagte ich.

»Hab's gehört«, sagte Papa.

»Willst du wissen, wo sie war?« fragte ich.

»Es stinkt nach ranzigem Fett. Grönland?« riet Papa.

»Nepal«, sagte ich. »Und Tibet. Tibet ohne Einreiseerlaubnis. Sie mußte sich nachts über die Grenze schleichen. Sie mußte in Nomadenzelten wohnen und sich in verlassenen Bergdörfern verstecken. Einmal hat sie ein Polizist gefunden und ins Gefängnis gesteckt, aber sie hat ihn mit Tschang betrunken gemacht und ist abgehauen.«

»Betrunken gemacht?« Papa lachte und schwitzte. »Mit ihm gebumst wird sie haben. Mit einem dreckigen, besoffenen Chinesen.«

Ich nahm die Thrombosespritze, zog die Schutzkappe von der Nadel, schlug die Decke zurück, drückte etwas von Papas Bauchfett mit zwei Fingern zusammen und gab ihm eine Injektion in die Fettrolle.

»Das ist lieb!« sagte Papa. »Bringst du mir das Bildtelefon?«

Mit der Telearbeit hatte Papa angefangen, als Mama für *Trekking Guides* zu arbeiten begann. Ihren ersten Reiseführer schrieb Mama über den Kaukasus, als ich sechs war. Wir bekamen Postkarten aus dem Gebirge, die andere Reisende für sie in Jerevan oder Tiflis eingesteckt hatten. Manchmal aber hörten wir wochenlang gar nichts von ihr. Als sie wiederkam, brachte sie literweise Armagnac mit und riesige Büschel eines Krauts mit lilafarbenen Blättern. Diese Blätter kaute sie ununterbrochen und tat sie an jedes Essen. Nachts kam sie an mein Bett und erzählte stundenlang von ihren Wanderungen mit den Schafhirten und ließ mich nicht schlafen. Sie erzählte auch von einem Hirten namens Dmitri, in den sie sich verliebt hatte.

Ein paar Monate später verschwand sie wieder. Diesmal, um auf Spitzbergen zu überwintern. Sie teilte ihre Hütte mit Einar, einem Pelztierjäger, der halb Norweger, halb Eskimo war. Von dieser Reise brachte sie fünf Blaufuchsfelle mit, die sie mir vors Bett legte, und diesmal erzählte sie nächtelang vom Packeis, vom Geschmack des schwarzen Seehundfleisches, den Schrecken der langen Polarnacht und den schönen Ablenkungen, mit denen Einar sie während der monatelangen Finsternis vor dem Verrücktwerden bewahrt hatte.

Das war die Zeit, als Papa mit der Telearbeit begann.

Am Nachmittag suchte ich Mama im ganzen Haus. Ich fand sie in der Dunkelkammer. Ich riß die Tür auf und ruinierte einen Abzug. »Mach die Tür hinter dir zu«, sagte Mama. »Hat Arne angerufen?«

Ich gab keine Antwort. Arne von *Trekking Guides* war der Mensch, den Papa und ich von allen Menschen auf der Welt am meisten haßten.

Mama machte das Licht am Vergrößerungsapparat an und wieder aus. Sie nahm das belichtete Papier und legte es in die Wanne mit der Entwicklerflüssigkeit. Nach und nach erschien ein Gesicht auf dem Papier. Mama stupste es mit der Zange unter, als wolle sie es ertränken. Dann kam es in den Stopper und zum Schluß ins Fixierbad. Ich stellte mich neben Mama. Das Gesicht auf dem Foto war dunkel und glänzte fettig.

»Das ist Lopsang«, sagte Mama.

»Deine Mutter ist eine verdammte Ethno-Nutte!« schrie Papa, als ich ihm von Lopsang erzählte. »Bald wird sie sie gar nicht mehr zählen können, die Eskimos, die Indios, all die Madenfresser. Und jetzt hat sie sogar noch einen Yeti in ihrer Sammlung. Herzlichen Glückwunsch!«

»Also, ein Yeti ist er nicht, Papa«, sagte ich, »er ist ein Sherpa.«

»Mir scheißegal, was dieser Yaktreiber ist! Ich werde jetzt aufstehen und ihr die Meinung sagen. Ich will, daß sie diesen Zuhälter Arne anruft und ihm sagt, daß sie nie wieder für ihn als Trekking-Hure arbeiten wird!«

Er richtete sich mit einem Ruck auf. Ein scharfer Geruch nach Wick Vapo Rub, womit ich ihm gegen seine Atembeschwerden regelmäßig die Brust einrieb, schlug mir entgegen. Papa schnaufte und wischte sich ein paar feuchte Strähnen aus dem Gesicht.

»Nein, mach du das lieber!« keuchte er und ließ sich zurück in die Kissen fallen. »Und sag ihr, sie soll kommen und mir guten Tag sagen.«

Ich ging und nahm die volle Bettpfanne mit.

Wie immer am ersten Tag nach Mamas Rückkehr lief ich ununterbrochen zwischen meinen Eltern hin und her. Wie immer verbrachte Mama diesen Tag in der Dunkelkammer und den Abend telefonierend in der Badewanne. Und wie immer lag Papa im Bett und hackte wie verrückt auf seinen Laptop ein.

Als ich die Zinksalbe aus dem Bad holen wollte, um Papas offene Stellen damit einzuschmieren, lag Mama in der Wanne und telefonierte mit Arne. Ich setzte mich leise auf den Wäschepuff und hörte zu. Ich schaute mir ihren Körper an: Er war sehr dünn, muskulös, übersät mit blauen Flecken und Insektenstichen, und an vielen Stellen konnte man die Adern sehen. Jeden Tag saß ich auf dem Hometrainer, damit ich auch solche Muskeln bekäme wie sie.

»Neue Steigeisen und einen Daunenanzug von *Mountain Equipment*«, sagte Mama zu Arne, »ein Dreimannzelt von *Wild East*, Eisschrauben und 1000 Meter Seil. Mein Eispickel muß nur geschärft werden, aber ich brauche noch zwei dazu. Und dreißig Flaschen Sauerstoff.«

»Wo willst du hin, Mama?« fragte ich.

»Moment mal«, sagte Mama zu Arne. Dann hielt sie Sprechmuschel zu und sagte zu mir: »Mit Lopsang auf den Everest.«

Seit den Vorbereitungen für ihre Neuguinea-Expedition, die sie zu den Menschenfressern in die Sümpfe von Irian Jaya geführt hatte, war Mama nicht mehr so voller Reisefieber gewesen. Zwei Tage lang saß sie über Landkarten gebeugt am Küchentisch und legte Routen fest. Während ich kochte und abwusch, arbeitete sie einen Akklimatisationsplan aus. Sie blätterte und kritzelte in ihrem Kalender herum und versuchte zu berechnen, wie sie ihren Körper am besten den Bedingungen in achttausendachthundertachtundvierzig Metern Höhe über dem Meeresspiegel anpassen könnte. Zwischendurch telefonierte sie immer wieder mit Kathmandu. Die restliche Zeit verbrachte Mama auf dem Hometrainer, oder sie joggte im Park. Morgens nahm sie mich mit ins Hallenbad.

Sie hatte Papa noch immer nicht guten Tag gesagt. Wenn er nach ihr schrie, ging ich zu ihm und gab ihm Johanniskrauttropfen. Wenn er dann immer noch schrie, gab ich ihm Diazepam.

Eines Nachts wachte ich auf, weil mir einfiel, daß Papa seine Einschlafmilch nicht bekommen hatte. Vielleicht weckte mich aber auch das kratzende, schabende Geräusch, das aus der Küche kam. Von Zeit zu Zeit gab es ein Quietschen, wie von einem Messer, das auf einem Teller abrutscht. Ich lief über den dunklen Flur. Hinter Papas Tür brannte noch Licht. Wahrscheinlich konnte er nicht einschlafen ohne seine Milch. In der Küche sah ich Mama sitzen und ihren Eispickel schleifen, sie saß da, in voller Goretex-Montur, drehte mit einer Hand den Schleifstein und hielt mit der anderen die Spitze des Pickels dagegen. Es kratzte und schabte, und Funken sprühten. An ihrem Stuhl lehnte der fertiggepackte Rucksack mit dem baumelnden Kochgeschirr daran. Als Mama mich sah, hörte sie auf zu schleifen.

»Was machst du denn hier?« fragte sie, »warum bist du nicht im Bett?«

»Ich hole nur Papas Milch.«

Der Schleifstein drehte sich weiter. »Arne holt mich in einer Viertelstunde ab und bringt mich zum Flughafen«, sagte Mama.

»Gut«, sagte ich. Dann lief ich zurück in mein Zimmer. Ich holte meinen Rucksack unter dem Bett hervor, riß den Schrank auf, stopfte Pullover, Hosen, Unterwäsche, den Skioverall und meine Schneebrille in den Rucksack. Ich zog das Nachthemd aus und einen Trainingsanzug an, darüber die Daunenjacke. Mit dem Rucksack auf dem Rücken lief ich über den Flur. Hinter Papas Tür hörte ich es schnaufen.

»Liebes«, rief Papa, »bist du's? Hast du meine Milch vergessen?«

Ich rannte in die Küche, holte die Milchtüte aus dem Kühlschrank, ein Glas aus der Anrichte und goß so hastig ein, daß etwas auf den Boden kleckerte. Als ich die Tabletten aus der Packung in die Milch drückte, vergaß ich mitzuzählen. Mama sah mir zu.

Mit dem Glas in der Hand lief ich ins Schlafzimmer. »Hier ist deine Milch, Papa«, sagte ich. Papa hing schief in den Kissen, und sein Schlafanzug war falsch zugeknöpft. Es sah unbequem aus.

»Wo willst du hin mit dem Rucksack?« fragte Papa, und das hatte mich noch niemand gefragt.

»Meinen ersten Achttausender besteigen«, sagte ich.

Als wir im *Trekking Guides*-Jeep saßen und die Straße hinunterfuhren, schaute ich noch einmal zurück. Ich hatte das Licht in der Küche nicht ausgeschaltet. Und gerade, als ich zurückschaute, schob sich ein Schatten vor das erleuchtete Küchenfenster. Der Schatten füllte das Fensterviereck ganz aus. Es war ein sehr großer, sehr breiter, ein riesiger Schatten. Es war wie eine totale Sonnenfinsternis. Papa war aufgestanden.

Für gutes Betragen

Ende Februar bekam Mama ihr allerletztes Kind. Eigentlich hätte Ludwig ihr letztes bleiben sollen, das fanden wir, und das fand Doktor Weidmann, der sie von Ludwig entbunden hatte. Außerdem war Mama von Papa verlassen worden, als Ludwig gerade ein Jahr alt war, und ungefähr zur selben Zeit begann sie, immer nachts von einer großen Hitze gepackt zu werden, die sie nicht schlafen ließ. Doktor Weidmann freute sich: die Wechseljahre! Das war allerdings, bevor Mama sich in Tomek verliebte. Doch erst einmal kam Mama ins Klimakterium, und weil sie nicht allein sein konnte, schlief ich jede Nacht in ihrem Bett, und jede Nacht wachte ich auf von der Glut neben mir und von Mamas Weinen. Mama lag in Hemd und Schlüpfer auf den Decken. Ihr Weinen und ihr Schwitzen fielen mir sehr auf die Nerven. Dazu gingen ihr nach und nach die Haare aus, und sie färbte die restlichen von Mal zu Mal röter, als sei die Farbe imstande, sie am Kopf festzuhalten. Nachts schlängelten sich ihre schweißnassen Haarsträhnen wie Blutrinnsale auf dem Kissen. Ich mochte es Mama nicht sagen, aber zum Weinen hatte sie allen Grund: Papa war fort, und hübscher wurde sie auch nicht.

Immer gegen Morgen gingen Mama und ich in die Küche, tranken Milch und aßen Kuchen, denn keine von uns konnte mehr schlafen. Ich sah Mamas rote Haare, jedes wie einzeln mit einer Nadel aus der Kopfhaut gezogen, ich sah ihre Lippen, die sich allmählich entfärbten, und Mama sah meinen Blick.

»Ich werde eine alte Frau sein, bevor meine älteste Tochter überhaupt eine Frau wird«, sagte sie und gab mir mit dem letzten Stück Streuselkuchen ein Stück von ihrer Depression. »Laß dich mal untersuchen«, sagte sie. »Doktor Weidmann soll dir Hormone geben.«

Man konnte es drehen und wenden, wie man wollte; alles drehte sich nur um Blut und Fruchtbarkeit.

»Du mich auch!« sagte ich, und meine Handinnenflächen begannen zu jucken. Das würde ich nun wieder beichten müssen.

Als Mama an diesem allerletzten Februarmorgen aus dem Krankenhaus anrief, war sie noch ganz benommen von den dreißig Stunden und von der Spritze gegen die Schmerzen.

»Ich weiß keinen Namen«, sagte Mama nur.

Daß Mama bei einer Geburt Schmerzen hatte, war neu, denn unsere Geburten waren alle kurz und leicht gewesen. Meine Schwester Begonia hatte Mama in der Küche zur Welt gebracht, als sie gerade Klöße mit Heidelbeerfüllung machte. Das war noch in Polen gewesen. Ich war fünf und konnte Mama schon mit den Klößen helfen. Als Mama schrie, kamen alle angerannt, aber Begonia lag schon in ein Geschirrhandtuch gewickelt in Mamas Armen. Die Nabelschnur hatte ich mit einer Küchenschere durchtrennt, die ich vorher in den Topf mit sprudelnd kochendem Wasser geworfen hatte. Das Wasser war eigentlich für die Klöße gedacht. Als Papa in der Tür stand und Begonia sah, brüllte er auf, denn sie war über und über blau wie eine Leiche. Aber Begonia war nur deshalb so blau gewesen, weil ich meine Hände gerade in der Heidelbeerfüllung gehabt hatte, als meine Schwester aus Mama rutschte, und waschen hatte ich mir die Hände wirklich nicht mehr können, bevor ich Begonia dicht über dem Fußboden auffing.

Unser Vater wurde nicht mehr Vater meines neuen Bruders, denn als Papa weg und Ludwig anderthalb war, fing Mama an, Fahrstunden zu nehmen. Sie machte den Führerschein gegen ihre Depressionen, gegen die Wechseljahre, gegen ihr langweiliges Leben, das keine Spuren in der Welt hinterlassen hatte außer uns, und weil sie ihn schon immer hatte machen wollen. Bisher war ihr immer etwas dazwischengekommen; erst ich, dann Igor, dann Begonia, dann Mateusz und zuletzt Ludwig.

Der Fahrlehrer hieß Tomek und war erst achtundzwanzig. Mama war überdurchschnittlich begabt. Ihre Prüfungsfahrt endete, lange nachdem Mama und Tomek den Prüfer wieder beim TÜV abgesetzt hatten, mit angezogener Handbremse auf einem Waldweg. Mama kam strahlend mit ihrem neuen Führerschein nach Hause – und mit einem neuen Baby im Bauch, von dem sie noch nichts ahnte.

Mein neuer Bruder war ein Kind der Liebe, aber was für einer Liebe? In der Nacht, als mein Bruder geboren wurde, blieb Tomek fort, und niemand wußte, wo er war. Als er dann morgens zur Tür hereinkam, war er betrunken. Er hatte seinen Hals in einer Krause und keinen Führerschein mehr.

»Mama ist im Krankenhaus«, sagte ich.

»Na und?« fragte Tomek, »ich war auch im Krankenhaus.«

Er zeigte auf seine Halskrause. Dann setzte er sich an den Tisch und fing an, von den kalten Würstchen zu essen, die noch von gestern in der Pfanne lagen.

»Willst du nicht hingehen?« fragte ich, obwohl es mir eigentlich egal war. Tomek kaute und schaute mich mit verquollenen Augen an. An seinen Augen konnte ich nie erkennen, ob er nüchtern oder betrunken war oder einen Kater hatte, sie sahen immer gleich aus.

»Mein neuer Bruder ist dein Sohn, verdammt!« sagte ich, und schon hatte ich wieder geflucht. Ich fühlte kleine Stiche am Haaransatz und mußte mich kratzen. Ich stellte mich mit der Pfanne hinter Tomek. Sein Kopf saß wie festgeschraubt zwischen den Schultern, wegen der Halskrause. Als er versuchte, sich nach mir umzudrehen, fiel er fast vom Stuhl. Sein Blick war so starr wie sein Nacken.

Igor und Begonia waren schon in der Schule. Ich ging nicht in die Schule, sondern in die Kirche und dann einkaufen mit Ludwig. In der Kirche beichtete ich das Fluchen und zündete eine Kerze für den Heiligen Antonius an, und sofort ließ das Jucken am Haaransatz nach. In der Drogerie kaufte ich dicke Binden für Mama und winzig kleine Windeln für meinen neuen Bruder. Dann ging ich mit Ludwig zu H&M in die Kinderabteilung. In der Abteilung für kleine Jungs war alles blau, grün und braun, während es aus der Mädchenabteilung in allen Farben leuchtete. Das kam mir wie eine Strafe für meinen neuen kleinen Bruder vor: Sein Leben fing erst an, und er sollte Farben wie fürs Kloster tragen oder für die Todeszelle. Und nur, weil er ein Junge war. Ich ging mit Ludwig in die Mädchenabteilung und nahm einen Strampelanzug in Größe 64, damit mein neuer Bruder noch hineinwachsen konnte. Der Anzug war gelb und nichts weiter. Keine Wörter, keine Tiere, nur Gelb. Ich hob Ludwig hoch und trug ihn in Richtung Umkleide. Aber ich ging nicht in die Kabine, sondern legte Ludwig auf den Wickeltisch und tat so, als müsse ich ihn wickeln. Ich zog ihm

Hose und Unterhose aus, guckte in seine Windel. Ludwig lag ruhig da und sagte, er habe kein A-a gemacht. Er hatte recht, aber dafür war die Windel schwer und naß. Ich machte sie trotzdem wieder zu. Eine Verkäuferin lief an uns vorbei und warf einen Blick auf Ludwig. »In dem Alter noch nicht trocken?« fragte sie. Aber sie drehte sich nicht nochmal nach uns um. Schnell fing ich an, Ludwig seine Sachen wieder anzuziehen. Dabei stopfte ich den gelben Strampelanzug zwischen Windel und Unterhose.

Ich fuhr mit Ludwig die Rolltreppe hinunter. Auf dem Weg zum Ausgang hielt mich eine Frau an.

»Zeigen Sie mal Ihre Tüte!« sagte sie und hielt sich mit beiden Händen an ihrem Walkie-Talkie fest. Ich zeige die Binden und Windeln.

»Sie wissen schon, was ich meine«, sagte die Frau, »raus damit!«

»Raus womit?« fragte ich.

»Jeder Ladendiebstahl wird angezeigt«, sagte die Detektivin. Auf einmal bekam ich Bauchschmerzen, als ob ich furchtbar nötig aufs Klo müßte. Aber ich mußte nicht, und die Bauchschmerzen kamen auch nicht von der Angst. Ich sagte: »Ich habe meinem Sohn was anprobiert, aber es war die falsche Größe. Ich habe es zurückgehängt.«

Ein Strom von Leuten zog an uns vorüber, alle mit Tüten in der Hand. Ein Mann in einem roten Jackett blieb zurück und trieb auf uns zu.

»Das hat so keinen Zweck«, sagte er zu der Detektivin. Er war auch ein Detektiv. Alle Leute gingen mit gesenktem Kopf vorüber und schauten dann über die Schulter zurück.

»Ich muß Sie bitten mitzukommen!« sagte der Detektiv.

»Ich komme nicht mit!« sagte ich. »Mein Kind ist krank, ich muß mit ihm zum Arzt.« Ludwig fing an zu weinen. Mir war schlecht, und die Bauchschmerzen wurden immer schlimmer. Wie ein Messer, das im Bauch steckte. Ein unsichtbarer Killer hielt es fest, und ich konnte mich nicht bewegen, sonst würde es mich aufschlitzen.

»Sie müssen schon mitkommen«, sagte die Detektivin.

»Warum?« fragte ich. »Sie können mich doch auch hier durchsuchen!«

Die Detektivin schob ihr Walkie-Talkie in den Hosenbund.

»Du bist Zeuge, daß sie das von mir verlangt hat!« sagte sie zu dem Detektiv im roten Jackett. Sie zog mich hinter eine Spiegelsäule, fing an, mich zu betatschen und an meinen Kleidern zu zerren. Erst befühlte sie mich unter den Achseln, dann am Bauch, und dann begrapschte sie mich unter dem Rock und zwischen den Beinen. Ludwig hatte ich immer noch auf dem Arm, ich ließ ihn nicht los, obwohl ich beinahe zusammenklappte. Aber ich durfte nicht zusammenklappen. Das Messer in meinem Bauch hielt mich aufrecht. Plötzlich schrie die Detektivin auf und ließ mich los. Sie streckte ihre Hände von sich. An den Händen war Blut, schwarzes Blut, Blut von mir. Mein erstes Blut, auf das ich so lange gewartet hatte! Der unsichtbare Killer zog das Messer aus meinem Bauch wie einen Korken aus einem Faß, und es strömte. Die Detektivin zeigte dem Detektiv mit dem roten Jackett mein Blut und schrie.

»Ruhig!« sagte der Detektiv. Aber die Detektivin beruhigte sich nicht. Sie versuchte, die Hände an ein paar Kleidern abzuwischen, die an einem Ständer hingen. Der Detektiv griff nach ihren Händen, um sie festzuhalten. Er griff in mein Blut. Die Leute kamen herbeigelaufen, sahen das Blut auf den Kleidern und das Blut an den Händen und schrien. Ich drückte Ludwig ganz fest an mich und rannte, ich rannte auf die Straße hinaus. Die Alarmanlage pfiff mir hinterher. Eine Haltestelle. Ein Bus stand da und wartete, und ich sprang hinein.

Der Bus fuhr los, und ich hockte mich mit Ludwig in eine Ecke. Ich achtete nicht auf die Leute, die auf uns hinunterschauten. Ich war froh, daß mein Mantel schwarz war. Ich knöpfte ihn zu und krümmte mich zusammen, damit man das Blut nicht sah. Wie Mama auf dem Küchenboden mit Begonia. Aber anders als Mama hatte ich nur Blut verloren und nichts geboren. Oder doch? Hatte ich ein Kind geboren und es bei den Detektiven fallen lassen? Vielleicht nähmen es die Detektive mit und zögen es bei sich auf. Dann wäre es ein Detektivkind und wüßte nicht, wer seine richtige Mutter ist. Und eines Tages würde ich als alte Frau in den Supermarkt gehen, um Strümpfe und Eierlikör zu stehlen, und dann würde mein Kind vor mir stehen und sagen: »Ich muß Sie bitten mitzukommen!« Und ich würde fragen: »Mein Sohn?«, aber er würde mich nicht erkennen. Er würde ein rotes Jackett tragen und die Polizei rufen. Und ich könnte nicht mehr wegrennen, weil ich ein schlimmes Bein hätte.

Auf dem Boden im Bus Nummer 129 beschloß ich, jetzt das neue Kind meiner Mutter besuchen zu gehen. Mit dem Blut überall fühlte ich mich, als hätten wir es zusammen geboren. Es war ihr allerletztes und mein allererstes Kind. Ich schloß die Augen, hielt Ludwig fest und stellte mir probeweise vor, er sei mein neuer kleiner Sohn, mein neuer kleiner Bruder. Schlaf, Kindchen, schlaf! Dein Vater ist ein besoffener Schwachkopf. Deine Mutter ist schon in den Wechseljahren und hat noch einmal das Bäumelein für dich geschüttelt. Aber weil sie das Bäumelein für uns alle schon so oft geschüttelt hat, ist für dich leider kein Träumelein mehr übrig. Heute ist der neunundzwanzigste Februar. Du wirst also weniger Geburtstage haben als wir alle, und ein Name fällt Mama, soweit ich weiß, auch nicht für dich ein.

Vor dem Krankenhaus standen mein Bruder Igor und meine Schwester Begonia und rauchten. »Du sollst doch nicht rauchen«, sagte ich zu Begonia. Sie lächelte und drückte die Zigarette an der Krankenhauswand aus. Die Asche hinterließ einen schwarzen Fleck. »Warum gehst du so komisch?« fragte Begonia. »Mußt du?« Begonia mußte jedenfalls dringend.

Es war ein frommes Krankenhaus mit lauter Nonnen und Kreuzen. Die Nonnen waren nett und zeigten uns den Weg. Aber Ludwig mußte draußen bleiben, weil er zu klein war und Keime einschleppen könnte. Igor ging mit ihm in die Cafeteria.

Auf der Entbindungsstation roch es nach frisch gewaschenen Körpern und warmer Milch. Neben Mamas großem weißen Bett stand ein kleines weißes Bett mit dem neuen Kind, und Mama lag da und wartete auf einen Namen. Unsere Namen hatte Mama immer schon vor unserer Geburt gewußt, denn sie hat sie alle geträumt. Geträumt hat sie, sie ginge eine lange Straße entlang, mindestens vierspurig, mit hohen grauen Häusern links und rechts. Bei Igor, Begonia und mir war es immer die Marszałkowska in Warschau gewesen, bei Mateusz und Ludwig der Kurfürstendamm. Jedesmal ging Mama mit schweren Taschen. Die Taschen wurden immer schwerer, je länger sie ging, und sie konnte fast nicht mehr, als sie jemand von hinten am Mantel zupfte. Sie blieb stehen und drehte sich um, und jedesmal war es ein Kind, das sie da zupfte, einmal ich, einmal Igor, einmal Begonia, einmal Mateusz und einmal Ludwig. Mama wollte uns bei unseren Namen rufen, aber ihr fiel keiner ein. Da sagten wir: »Aber ich bin doch Kassandra (oder Igor, oder Begonia, oder Mateusz, oder Ludwig)!«, und das waren unsere Namen.

Den Namen unseres neuen Bruders hatte Mama nicht geträumt, und der Hebamme hatte sie nicht sagen können, was sie auf das Namensschildchen am Arm meines neuen Bruders schreiben sollte. »Irgendwas muß ich aber draufschreiben«, hatte die Hebamme gesagt, »sonst wird er noch verwechselt.«

»Dann schreiben Sie doch vorläufig, was Sie wollen!« hatte Mama gesagt und nicht hingesehen.

Mamas Gesicht war gelb in den weißen Kissen, und durch eine Kanüle tropfte ununterbrochen eine Lösung in ihre Hand.

»Viel Blut hab ich verloren«, sagte sie zu mir. Dann sah sie das Baby an. »Ja, guck nur, die Mama haben sie für dich geschlachtet!«

Ich ging in das kleine Bad, das zu dem Krankenhauszimmer gehörte, und schloß hinter mir ab. Begonia saß schon auf dem Klo und dachte nach.

»Was denkst du?« fragte ich.

»Ich denke über einen Namen nach«, sagte Begonia. »Wie findest du Leonardo?«

Ich sagte nichts. Ich zog meine Strumpfhose herunter, die schmierig und glitschig war, und dann meine Unterhose, ohne den Rock zu heben. Aus der Tüte, die ich mitgebracht hatte, nahm ich eine Binde. Begonia beobachtete mich.

»Hast du sie endlich?« fragte sie. Ich nickte. Begonia putzte sich ab, zog ihre Hose hoch, klappte den Klodeckel herunter und spülte. Dann umarmte sie mich. Begonia war gerade zwölf, aber sie hatte ihre Tage schon seit einem Jahr. Begonia freute sich. Ich zitterte, aber jetzt freute ich mich auch und ließ mich ein bißchen herumschieben von Begonia, die immer anfängt zu tanzen, wenn sie sich freut.

»Was für ein Tag!« seufzte Begonia. Ich streichelte die dicken, dunkelblonden Zöpfe auf ihrem Rücken. Bei Begonia wurde ich immer ruhig.

»Was willst du denn eigentlich mit diesen Monsterbinden?« fragte Begonia. »Warte, ich habe einen Tampon.« Sie griff in ihre Hosentasche.

»Nein« sagte ich, »ich kann das nicht. Vielleicht morgen.«

»Quatsch« sagte Begonia. »Setz dich hier auf den Klodeckel!«

»Nein!« sagte ich.

»Ach komm!« bat Begonia.

Ich schüttelte den Kopf.

»Na gut«, sagte Begonia, »dann machen wir es eben im Stehen.«

Ich stehe mit Begonia Stirn an Stirn. Sie ist sehr groß für ihr Alter. Begonias Hände sind unter meinem Rock. Das Gefühl kenne ich. Langsam schiebt sich etwas Kleines, Trockenes ein bißchen in mich hinein.

»Au!« sagte ich. »Scht!« machte Begonia, »es kann ja gar nicht weh tun!« Sie streichelt mich, und es macht mich ruhig wie immer, nur daß ich jetzt genau spüre, wo. Ich schaute in Begonias braune Augen mit den gelben Rändern. Begonia sagt: »Jetzt ich!«

»Aber das war doch gar nichts!« sage ich.

»Doch«, sagt Begonia, »es war ein Gefallen.«

Begonia drängte sich an mich. Ihr Busen war weich und groß und leicht wie Kuchen. Da hörten wir Tomeks Stimme auf der anderen Seite der Tür. Seit wann war er da? Ich holte meine Hände unter Begonias Pullover hervor. Sie stopfte ihr Unterhemd in den Hosenbund. »Kasia! Begonia!« rief Mama mit schwacher Stimme. Ich zog meine Strumpfhose wieder hoch.

Mama lag im Bett und Tomek stand daneben. Mit seiner Halskrause sah er aus wie ein Roboter, der irgendeine Operation an Mama vornehmen wollte.

»Wir nennen ihn Jan«, sagte Tomek, und Mama nickte.

Wir fuhren alle zusammen nach Hause. Mit dem Bus, denn Tomek hatte ja keinen Führerschein mehr. Das bedeutete leider auch, keinen Job.

»Das wird eine super Zeit, wenn der immer zu Hause ist!« flüsterte Begonia mir zu und starrte Tomek an, der schlecht gelaunt aus dem Busfenster sah.

Mama kam nach Hause, aber sie hatte so viel Blut verloren, daß sie nach drei Tagen wieder im Krankenhaus landete. Ich hatte auch sehr viel Blut verloren, aber das nahm ich als Strafe fürs Klauen hin und dafür, daß Begonia mir wieder einen Gefallen getan hatte. An blutige Bestrafungen war ich gewöhnt. Schon als Kind war ich jedesmal gestolpert und hatte mir ein Loch in den Kopf geschlagen, wenn ich auf der Straße hüpfte und dabei meckernd wie ein Schaf »Laaamm Gottes!« sang. Diese Löcher saßen immer mitten auf der Stirn und waren immer dreieckig. Doch das war noch nicht alles: Wenn ich krank im Bett lag und launisch war und frech zu Mama, dann flossen die Masern und Windpocken auf meinem Körper sofort zu sakralen Motiven zusammen, zu Kelchen, Lämmern und Kreuzen. Ich machte Sachen, die man in Weihwasser nicht machen sollte, und bekam Insektenstiche immer links auf die Brust gesetzt, da, wo das Herz ist. Jedesmal, wenn ich mit meiner Mutter stritt, wuchsen mir kleine rote Blutschwämmchen in den Handflächen. Und jedesmal, wenn ich fluchte, erschienen an meinem Haaransatz juckende rote Abdrücke wie von Dornen. An Strafen, Zeichen und Male war ich gewöhnt wie an Schulmilch und Zähneputzen, noch bevor ich groß genug für die Beichte war.

Mama kam zum Blutbilden ins Krankenhaus, und in all dem Durcheinander wurde über meinen Blutverlust weiter kein Wort verloren. Ich blieb mit den Kindern zu Hause.

Als Mama mit dem Krankenwagen abgeholt wurde, wollte sie, daß Jan mitkäme.

»Spinnst du?« fragte ich. Ich nahm ihr das Baby ab. »Im Krankenhaus gibt es viel zu viele Keime!« Glücklicherweise hatte ich Mama überreden können, gar nicht erst mit dem Stillen anzufangen. Das hätte jetzt eine schöne Brustdrüsenentzündung gegeben!

»So«, sagte ich, als das Martinshorn verklungen war, »jetzt machen wir es uns richtig gemütlich.«

»Ja!« sagte Mateusz.

Leider hatten wir nicht an Tomek gedacht, der seit drei Tagen ununterbrochen vor dem Fernseher lag und Skispringen schaute. Mit Tomek im Haus konnte es gar nicht richtig gemütlich werden.

»Ist was passiert?« hörten wir Tomek aus dem Wohnzimmer rufen.

»Mama ist tot«, sagte Begonia.

»Hm«, machte Tomek.

Am fünften März kam die Haushaltshilfe, die ich beim Bezirksamt beantragt hatte. Ich öffnete die Tür. Da stand ein Mädchen mit dunklen Locken und einem schiefen Schneidezahn. An seinen Schläfen saßen Haarspangen mit dunkelroten Glitzersteinen, die mir sehr gefielen: kleine Insekten mit glühenden Augen.

»Paulina«, stellte sie sich vor.

Ich bat Paulina in die Küche. Da lag Jan in seiner Wippeliege.

»Oh, wie süß!« rief Paulina, aber sie hatte gar nicht richtig hingeschaut.

Ich machte Tee. Ludwig kroch unter dem Tisch herum. Paulina setzte sich auf die Küchenbank und stieß ihn dabei mit dem Fuß an. Sie trug schwarze Absatzschuhe, die wie Tanzschuhe aussahen.

»Entschuldigung«, sagte sie zu Ludwig und hob kurz das Tischtuch, um unter den Tisch zu sehen. »Ja, ein Tee wäre gut.«

Als ich das Teeglas vor sie hinstellte, lächelte sie mit dem schiefen Zahn, der genau in der Mitte ihres Mundes saß. Und das Lächeln saß genau in der Mitte von Paulina; es war, als brauche Paulina nichts als ihren Mund, um Paulina zu sein. »Ein enorm sprechender Mund«, sagte Begonia später ein bißchen gehässig.

»Du bist sehr jung für eine Haushaltshilfe«, sagte ich, nachdem wir lange geschwiegen und mit unseren Teebeuteln honigfarbene Schlieren durch das heiße Wasser gezogen hatten.

»Ich bin einundzwanzig«, sagte Paulina, »eigentlich studiere ich und jobbe halt so nebenbei. Das ist mein erster Job als Haushaltshilfe. Aber du bist ziemlich jung für ein so großes Kind«, sagte sie und schaute Ludwig an. Ich begriff, was sie denken mußte, und wurde rot.

»Das ist nicht meiner«, sagte ich, »der ist von meiner Mutter.«

»Dein Bruder?« fragte Paulina.

»Ja«, sagte ich.

Paulina legte den Teebeutel auf ihren Löffel, wickelte das Fädchen darum und quetschte noch ein paar Tropfen in ihr Glas, bevor sie den Löffel mit dem Teebeutel in den vollen Aschenbecher legte.

»Aber deine ist eine ganz Süße!« sagte sie und schaute Jan an.

»Er ist ein Junge«, sagte ich. Abgesehen davon fand ich Jan nicht süß. Er war klein und hatte Neugeborenenakne. Aber er war meiner.

»Gehst du nach dem Mutterschutz wieder zur Schule?« fragte Paulina.

Einen Augenblick lang wußte ich nicht, was sie meinte.
»Na klar«, sagte ich dann. »Ich bin doch nicht blöd.«

Ich hatte für die Kinder im Videoladen eine Playstation geliehen, damit sie auch etwas von Mamas Abwesenheit hatten. Doch leider blockierte Tomek den ganzen Tag den Fernseher. Er lag auf dem Sofa, aß Chips mit Speckgeschmack, und am Kinnwulst seiner Halskrause bildeten sich gelbe Flecken mit dunkelgekräuselten Rändern. Von Zeit zu Zeit legte ich ihm Jan auf den Bauch, damit sie eine Beziehung aufbauen konnten. Aber ich gab es bald auf, denn meist roch Tomek nur kurz an Jans Kopf und wollte ihn gleich wieder loswerden. Oder er vergaß seinen Sohn einfach, der auf ihm lag wie eine gestrandete Seeschildkröte, und wenn er sich dann aufsetzte, um es bequemer zu haben, fiel Jan herunter und rollte unter den Wohnzimmertisch.

Zum Trost legte ich ihn dann manchmal an meine Brust, aber weder für Jan noch für mich war das ein wirklicher Trost. Eigentlich war es für uns beide enttäuschend, und es ziepte. Meistens hörte ich schnell wieder damit auf, aber ganz sein lassen konnte ich es auch nicht.

Paulina kam jeden Morgen und blieb vier Stunden. Allerdings nicht sofort.

Am ersten Morgen rief sie an, um mir zu sagen, daß sie um zehn ganz dringend zu einer Vorlesung müsse, sonst bekäme sie den Schein nicht, und dann würde es sich doch eigentlich gar nicht mehr lohnen für heute. Wie ich später herausfand, waren da schon drei Wochen Semesterferien gewesen. Am nächsten Morgen kam sie zwar, half mir Kartoffeln schälen und schnitt sich dabei zweimal in denselben Finger, mußte aber gleich wieder gehen, weil sie einen Arzttermin hatte. Am Tag darauf erschien sie erst um elf.

»Ich hatte die Handwerker in der Wohnung«, sagte Paulina, zog ihre rote Baskenmütze vom Kopf, schüttelte die Regentropfen ab und warf die Mütze auf den Garderobenschrank. Ihren grünrotkarierten Mantel hängte sie ans Schlüsselbrett. »Was kann ich tun?«

Sie gähnte, und ich sah, daß ihr schiefer Schneidezahn leicht bläulich verfärbt war.

Wie man eine Waschmaschine anstellte, wußte Paulina nicht. Schmutzige Windeln mochte sie nicht anfassen. Und beim Staubsaugen bekam sie einen Niesanfall, weil sie gegen Hausstaubmilben allergisch war.

»Hör zu«, sagte ich, als ich ihr den Staubsauger weggenommen und sie an den Küchentisch gesetzt hatte, wo sie sich mit dem Tischtuch die Augen auswischte, »im Haushalt bist du mir keine echte Hilfe, aber ich würde mich freuen, wenn du trotzdem weiter kommen könntest.«

Das ließe sich machen, meinte Paulina. Das Bezirksamt zahle ja so oder so.

»Nur eines noch«, sagte sie, »wer ist das da eigentlich im Wohnzimmer?«

Wie sich herausstellte, brauchte ich gar keine Hilfe. Morgens machten sich Begonia und Igor ihre Pausenbrote selbst. Vormittags waren sie in der Schule, und nachmittags ging Igor Skateboard fahren, und Begonia schloß sich in ihrem Zimmer ein und tanzte. Mateusz blieb bis fünf Uhr im Kindergarten, Ludwig spielte den ganzen Tag friedlich unter dem Küchentisch, und Jan lag auf dem Tisch in seiner Wippeliege und übte sehen, schreien und schlafen.

Igor und Begonia waren seit acht Uhr in der Schule, und Mateusz hatte ich um neun in den Kindergarten gebracht. Wir hatten uns darauf geeinigt, daß Paulina von nun an erst um elf kommen würde, blieben also noch zwei Stunden Zeit, in denen ich auf sie warten konnte. Ich stellte das Laufställchen im Badezimmer auf, setzte Jan und Ludwig hinein und rasierte mir in der Badewanne zum ersten Mal die Beine.

Paulina hatte jeden Tag andere Spangen im Haar, erst nach einer Woche merkte ich, daß sie nicht unendlich viele besaß, sondern genau sieben Paar. Wenn sie klingelte, meist gegen halb zwölf, setzten wir uns an den Küchentisch und frühstückten, Paulina zum ersten, ich zum zweiten Mal. Dann schnallte ich Paulina die Babytrage mit Jan auf den Bauch, ich nahm Ludwig an der Hand, und wir gingen einkaufen. Andersherum hatten wir es auch probiert: ich mit der Babytrage und Paulina mit Ludwig an der Hand. Aber Paulina hatte es geschafft, sogar Ludwig zu verlieren – Ludwig, der nie wegrannte und so träge war, daß er einfach stehenblieb, wenn man seine Hand losließ.

An den Straßenecken tauten die letzten Reste des Februarschnees. Überall stand Wasser auf dem Gehsteig, in riesigen kohlschwarzen Pfützen, über die Paulina mit ihren hochhackigen Schuhen einfach hinweghüpfte. In all dem Grau und Schwarz war Paulina sehr bunt, und nach ein paar Tagen kam es mir vor, als habe sich ihre rote Baskenmütze als ein greller Fleck in meine Netzhaut gebrannt, den ich auch sah, wenn sie nicht da war, sogar, wenn ich die Augen zumachte.

Nach dem Einkaufen kochte ich für Igor, Begonia und Ludwig, und Paulina sah mir dabei zu. Und für Tomek natürlich. Tomek bekam seinen Teller immer gleich auf den Wohnzimmertisch gestellt, damit wir unsere Ruhe hatten, aber meistens hatten wir trotzdem keine Ruhe, denn irgendwann klirrte es, und der Teller war heruntergefallen. Mit seiner Halskrause war Tomek unbeweglich wie ein Garderobenständer, und der Wodka und das ewige Herumliegen taten ein übriges. Dann schrie Tomek »*Kurwa*!« und: »Komm mal einer und mach putzu putzu!«

Und immer machte ich putzu putzu. Außer mir ging niemand mehr ins Wohnzimmer, denn es hatte angefangen, unangenehm zu riechen.

»Wer ist jetzt der Typ im Wohnzimmer?« fragte Paulina.

»Der Vater von Jan«, sagte ich, ohne zu überlegen.

»Ach du Scheiße!« sagte Paulina. »Bist du denn glücklich mit ihm?«

»Glücklich?« Ich hatte die Frage nicht verstanden.

»Hör mal«, sagte Paulina, »du mußt nicht bei ihm bleiben, nur weil das Kind von ihm ist.«

Jetzt begriff ich. Mama war weg, Jan war meiner, und was Tomek mit der ganzen Sache zu tun hatte, war mir völlig entfallen. Ich dachte einfach nicht mehr an Tomek. Ich stellte ihm sein Essen hin, kaufte ihm Wodka vom Haushaltsgeld, beseitigte sein Erbrochenes und wischte die Brille ab, wenn er auf dem Klo gewesen war. Aber eigentlich hatte ich ihn vergessen.

»Du mußt auch nicht auf die Kinder deiner Mutter aufpassen, nur weil du gerade sowieso wegen dem Baby zu Hause bist«, sagte Paulina. »Wenn du willst, hol ich dich hier raus«, sagte sie, »ich studiere Sozialpädagogik im Nebenfach und weiß, wie man so was macht.«

»Danke«, sagte ich, »vielleicht komm ich darauf zurück.«

Ich konnte Paulina nicht sagen, daß dies gerade die schönste Zeit meines Lebens war: Ich war zur Frau geworden, Mama war weg, ich hatte ein Baby ganz für mich allein, und ich hatte Paulina. Die Briefe von meiner Schule, die an Mama adressiert waren, zerriß ich und warf sie in den Mülleimer.

Eines Nachts kam Begonia zu mir in Mamas Bett gekrochen.

»Tust du mir einen Gefallen?« flüsterte sie.

»Begonia, ich kann dir keinen Gefallen mehr tun«, sagte ich.

Begonia fing leise zu weinen an.

»Weck das Baby nicht!« sagte ich. Da weinte Begonia ein bißchen lauter.

»Wegen deiner Haushaltshilfe?« fragte sie. Sie streckte sich und preßte sich an mich, daß ich sie in ihrer ganzen Länge spürte. Begonia hatte immer ein heißes Gesicht, und sogar ihr Haar war warm. Ihre Haut roch ein bißchen nach Chlor, weil sie morgens im Schwimmbad gewesen war.

»Sie ist nicht meine Haushaltshilfe«, sagte ich, »sie ist meine Freundin.«

»Du hattest noch nie eine Freundin«, sagte Begonia.

Im Halbdunkel konnte ich nur den Glanz ihrer Augen sehen, aber nicht ihre Farbe.

Paulina stand in Mantel und Mütze im Flur und sah sich mein altes Klassenfoto aus der vierten Klasse in Warschau an, das in einem silbernen Rahmen an der Wand hing.

»Welche bist du?« fragte sie.

Ich war natürlich das Mädchen in der ersten Reihe, das Mädchen, das am breitesten grinste, weil es die meisten Plaketten an der Schuluniformjacke hatte: die große weiße der Klassenbesten, die kleine grüne für das Führen des Klassenbuchs und die rote Schleife für den ersten Platz in der Polnisch-Olympiade. Damals war die Schule schön gewesen.

»Was ist das für ein Buch da auf deinen Knien?« fragte Paulina.

»Weiß ich nicht mehr«, sagte ich. Ich zog meinen Mantel

aus und ging näher an das Foto heran. »Aber wofür ich es gekriegt habe, steht drauf.«

»Wofür?« fragte Paulina.

»*Za dobre zachowanie*«, sagte ich, »für gutes Betragen.«

Im Wohnzimmer krachte und klirrte es. Das Krachen und Klirren konnte nur bedeuten, daß Tomek versucht hatte aufzustehen. Vielleicht hatte er vorgehabt, das Klo zu benutzen, vielleicht hatte er eine Wodkaflasche aus der Plastiktüte zu holen versucht, die ich ihm neben das Sofa gestellt hatte, vielleicht war ihm die Fernbedienung heruntergefallen, oder der Wodka war alle, und er hatte nachsehen wollen, ob es in der Küche noch welchen gäbe, jedenfalls klang das Krachen und Klirren so, als sei Tomek gestolpert, auf den Wohnzimmertisch gefallen und habe den Tisch umgerissen.

Ich ging nachsehen.

Tomek hatte den Tisch nicht nur umgerissen: Die Glasplatte war zerbrochen, und Tomek lag in den Scherben und hielt sich den Kopf. Er mußte sich geschnitten haben, denn zwischen verstreuter Asche und Zigarettenkippen sickerte Blut in den Wohnzimmerteppich. Schnell sogen sich der weiße Teppich und die Chipskrümel, die überall herumlagen, damit voll.

Tomek war so betrunken, daß ihm nichts weh zu tun schien. Er stützte bloß seinen wackeligen Kopf ab, der sich wahrscheinlich ohne die Halskrause längst nicht mehr alleine halten konnte, und lachte. Ich hatte Tomek lange nicht mehr lachen sehen.

»*Cholera!*« fluchte er und lachte mir ins Gesicht, »was willst du hier?«

Auf allen vieren kroch er zurück zum Sofa, zog sich daran hoch und legte sich wieder hin.

»Guck dir das an, das ganze Blut!« sagte ich. Das Blut lief aus einer Kopfwunde über Tomeks Wange in den

Zwischenraum zwischen seinem Kinn und der Halskrause. Ich rief nach Paulina.

»Was ist das denn hier für eine Schweinerei?« fragte Paulina.

»Komm her und hilf mir!« sagte ich.

Ich zog Tomek seine stinkenden Socken aus, knüllte sie zusammen und preßte sie auf die Wunde. Ich nahm Paulinas Hand und legte sie auf die Sockenkompresse.

»Fest drücken!« sagte ich zu Paulina. Dann holte ich Mamas Strickkorb und umwickelte Tomeks Kopf mit dem Schal, den Mama für Igor gestrickt hatte und an dem nur noch die Fransen fehlten.

»Aua, verdammte Scheiße!« schrie Tomek.

»Reißen Sie sich mal zusammen!« schrie Paulina zurück, »Sie bringen Ihrer Frau und Ihrem Kind nur Unglück!«

»Wer ist die Zicke?« fragte Tomek und starrte Paulina in den Ausschnitt.

»Meine Freundin«, sagte ich. Paulina drückte die Kompresse so fest auf Tomeks aufgeschlitzte Kopfschwarte, daß Tomek vor Schmerzen brüllte.

»Tut Ihnen mal ganz gut«, sagte sie.

Da hörte Tomek auf zu brüllen. Bevor ich etwas dagegen tun konnte, hatte er Speichel im Mund gesammelt und Paulina ins Gesicht gespuckt.

»*Huj ci w dupe!*« sagte er.

Da ließ ich Tomek einfach liegen und zerrte Paulina ins Badezimmer. Ich drehte den Heißwasserhahn auf, rieb mit einem Waschlappen über die Seife und fing an, Paulina das Gesicht zu schrubben.

»Es tut mir so leid!« sagte ich und weinte. Paulinas Kleid war voller Blut und Seife.

»Laß!« sagte sie. Sie drehte das heiße Wasser zu und das

kalte auf und hielt ihr Gesicht unter den Strahl. Als sie sich abgetrocknet hatte, sagte sie:

»Verlaß ihn doch!«

In der Küche hatten Jan und Ludwig zu weinen angefangen, und jetzt klingelte auch noch das Telefon. Ich nahm den Hörer ab, und es war Mama. Sie rief an, um zu sagen, daß sie wieder nach Hause käme. Mir wurde schwindelig.

»Wie ist es euch ergangen?« fragte sie.

»Gut«, sagte ich, »und dir?«

»Ich bin hier fast verblutet.«

»Wir auch«, sagte ich.

»Warum ist Tomek mich nicht besuchen gekommen?« fragte Mama weinerlich.

»Weil er den ganzen Tag besoffen ist, frißt, kotzt und stinkt«, sagte ich.

Da fing Mama an zu heulen. »Rede nicht so über deinen Stiefvater!« sagte sie.

»Ich hasse dich«, sagte ich und legte auf.

Sofort fing mein Haaransatz wieder an zu kribbeln. Und als ich die Hand hob, um mich zu kratzen, sah ich, daß sich in der Innenfläche ein roter Punkt gebildet hatte. Ich schaute mir die andere Hand an. Auch dort war ein Punkt, und beide Punkte wuchsen so schnell, daß man zusehen konnte. Meine Stirn juckte höllisch. Wundmale und Dornenkrone gleichzeitig bedeutete, daß ich nicht nur frech zu Mama gewesen war, sondern zudem noch Gott gelästert hatte, denn daß man Vater und Mutter ehren soll, steht in den Zehn Geboten. Das würde ein Riesenausschlag werden!

Paulina war in den Flur gekommen und starrte mich an.

»Ich muß sofort zur Beichte«, sagte ich.

»Warum?« fragte Paulina.

»Gott straft mich«, sagte ich.

»Wofür sollte Gott dich bloß strafen?« fragte Paulina. »Ich habe mal ein Semester Philosophie studiert, und ich sage dir, wenn es Gott überhaupt gibt, und das sei mal dahingestellt, dann hat er es gar nicht nötig, die Menschen zu strafen. Das tun die Menschen schon selber.«

Ich setzte mich auf die Flurkommode und hielt mir die Stirn. Jan und Ludwig wimmerten nur noch, und von Tomek aus dem Wohnzimmer kam kein Laut mehr.

Zuerst wollte ich nicht verstehen, was Paulina da sagte. Ich wollte nicht, daß Paulina lästerte und dann auch noch zur Beichte müßte, wenn sie überhaupt katholisch war. Aber dann dachte ich doch darüber nach. Ich dachte an meine Kommunion, damals in Polen. Ich hatte das alte Kommunionskleid von meiner Cousine anziehen müssen. Mama hatte eine dünne weiße Flaumfederboa an den Saum und an die Ärmel genäht, und ein Stück von der Boa hatte sie mir als Kranz auf den Kopf gesetzt. Auf meiner Kommunionskerze war ein dunkelrosa Kreuz. Das erinnerte mich an das Masernkreuz auf meinem weißen Bauch, als ich einmal krank und frech zu Mama gewesen war. Nach der Kommunion ging ich durch den Mittelgang zurück zu unserer Bank und wälzte die erste Hostie meines Lebens im Mund. Und dann biß ich drauf. Ich wußte, ich durfte das nicht, ich wußte, ich würde dafür bestraft werden, aber ich konnte nicht anders: Ich kaute auf dem Leib Christi herum. Und was geschah? Ich wartete auf den metallischen Geschmack von Blut in meinem Mund, aber Sein Leib schmeckte nach Reiswaffeln. Und als ich mich durch die Bank zurück auf meinen Platz drängelte, war es nicht Sein mächtiger Arm, den ich fühlte, sondern Tante Wioletas Hand, die mich ins Gesicht schlug, weil sie mich hatte kauen sehen.

Mein Haaransatz brannte trotzdem wie Feuer.

»Aber guck dir das doch an!« sagte ich zu Paulina und zeigte ihr meine Stirn.

»Da ist nichts«, sagte Paulina. Sie gab mir einen Kuß auf die Stirn.

»Für gutes Betragen«, sagte sie.

Wir warteten, bis Igor und Begonia aus der Schule kamen. Dann gingen wir zu viert ins Wohnzimmer. Begonia und Igor packten Tomek unter den Achseln, Paulina und ich faßten je einen Fußknöchel, und zusammen trugen wir den bewußtlosen Tomek aus dem Haus.

Auf der Straße war kein Mensch zu sehen. Wir schleppten Tomek zur Bushaltestelle. Zum Glück wartete dort niemand, denn es war eine Endhaltestelle, und der Bus kam nur alle halbe Stunde. Wir setzten Tomek auf die Bank im Wartehäuschen. Mit der Halskrause und dem bunten Wollschal um den Kopf sah er fast komisch aus. Leider kippte er immer wieder zur Seite, bis Igor ihn mit einem Stock abstützte, den er im Gebüsch gefunden hatte.

Zu Hause sahen wir, daß wir das Sofa nicht behalten konnten: Es war an einem Ende voller Blut, am anderen voller Dreck, und in der Mitte war ein großer gelber Fleck. Mit viel Mühe bekamen wir das Sofa durch die Haustür. Wir stellten es an die nächste Straßenecke.

Als Mama nach Hause kam, war Paulina noch damit beschäftigt, den Wohnzimmerteppich zu saugen. Mama schloß die Tür auf. Sie hörte das Staubsaugergeräusch, sah Begonia mit dem Schrubber und mich mit dem Teppichschaum im Flur stehen und fragte:

»War was?«

Und ich sagte:

»Wir haben ein bißchen aufgeräumt.«

Der Schlaf der Vernunft

»*Fumas?*« fragt der blonde Hippie, der neben mir im Bus sitzt, und gibt mir seinen Joint. Schon habe ich einen Joint im Mund, wie Mauri ihn immer baute; einen riesigen andalusischen Joint, eine richtige Fieberwahn-Tüte, so groß wie eine Trompete. Ich nehme einen Zug und spüre die abgekühlte Spucke des Hippies auf meinen Lippen. Ich betrachte es als Kuß von Mauri. Aber das Warten auf Mauri habe ich aufgegeben.

Noch vor einer Woche habe ich gewartet, nachts, in Mauris kleinem blauen Zimmer über der Bar. In diesem Zimmer war nichts als ein Bett, ein Tisch und ein Schrank, und unter das Bett hatte ich meinen Rucksack geschoben. Mein frischgefüllter Schlafsack raschelte, wenn ich mich umdrehte, und ich drehte mich oft um, weil ich nicht einschlafen konnte. Ich wartete auf Mauri und auf den Schlaf. Ich wartete auf die Wirkung meines Schlafsacks, doch von dem Geruch nach verfaultem Heu bekam ich nur Brechreiz. Unten in der Bar spielte jemand für mich unsere alte Rumfickerplatte, und aus Langeweile suchte ich nach fremden Frauenhaaren auf Mauris Kissen. Die Haare, die ich hier fand, waren lang, schwarz und lockig. Schwer zu sagen, ob sie alle von derselben Frau stammten oder von verschiedenen schwarzgelockten Andalusierinnen. Ich fing an, die Haare zu zählen, wie immer, wenn ich in Mauris Bett nicht einschlafen konnte und auf ihn wartete, und irgendwann wartete ich nur noch auf den Morgen, aber es wurde und wurde nicht hell. Einmal hatte ich das Gefühl, Mauri käme zu mir ins Bett. Ich tat so, als ob: Mauri kommt und riecht nach Rauch, in seiner Brust ist bereits Aufstand. In die Kissen gelehnt, nimmt er erst ein paar Züge aus dem Inhalator und fängt dann an, eine Tüte zu bauen. Er klebt vier Blättchen aneinander. Während er die Gummierung anleckt, höre ich mit einem Ohr an seinen Rippen auf das Knistern der Lungenbläschen, die sich nicht entfalten wollen, wie bei einem Frühgeborenen. Mauri zwirbelt den Joint sorgfältig oben zusammen, bis die Spitze aussieht wie ein Stück Schnitzerei in einem Nasridenpalast. Dann setzt er die Spitze in Brand, und sie brennt besser als jede Maurenfestung zur Zeit der Reconquista. Den rechten Arm hat Mauri ausgestreckt, und darin liege ich. In der linken Hand hat er die Tüte. Wir rauchen, und ich versinke in Mauris Achselhöhle.

»Bist du noch da?«, fragt Mauri.

»Gerade angekommen«, sage ich.

»Du hast aber einen schönen Koffer«, findet der blonde Hippie, der neben mir im Bus sitzt. Es ist ein mondrianfarbener Hartschalenkosmetikkoffer, halb gelb, halb blau, mit rotem Griff. Ich kann ihn nicht schön finden, aber er war der billigste, den ich kriegen konnte, ein Samsonite-Imitat.

»Gerade gekauft«, sage ich und gebe dem Hippie seinen Joint zurück. Der Hippie riecht gut für einen Hippie: Seine Dreadlocks duften nach Patschuli, und sein T-Shirt mit dem Goa-Schriftzug ist frisch gewaschen. Er sieht nicht aus wie einer, der seit Wochen in Hauseingängen schlafen muß.

»Hast du hier ein Zimmer?« frage ich.

»Noch bis morgen«, sagt der Hippie, »dann fahr ich weiter.«

An der Gran Via de Colón drücke ich auf den Halteknopf. Der Hippie nimmt seine nepalesische Umhängetasche und steigt mit mir aus. Wir sind auf der Plaza Isabel la Católica, und da steht auch tatsächlich Isabella die Katholische auf einem Sockel, und zu ihren Füßen kniet Kolumbus.

»Die können mich alle mal, die scheißkatholischen Könige«, sagt der Hippie, »wußtest du, daß Isabella so keusch war, daß sie nie ein frisches Unterhemd angezogen hat?«

Das mit dem Unterhemd habe ich gelesen.

»Hör zu«, sage ich, »ich habe noch ein paar Sachen bei einem Freund stehen, einen Rucksack und einen Schlafsack und ein paar Tüten. Hilfst du mir tragen?«

Der Hippie nickt. »Wohin soll das Zeug denn?« fragt er.

»Weiß ich noch nicht.«

»Ein Mädchen mit einem so schönen Koffer und ohne Bleibe für die Nacht?« fragt der Hippie.

»Ich habe etwas in Aussicht«, sage ich.

Wir müssen zehn Minuten an die Tür klopfen, bis uns ein Mädchen öffnet. Ich habe das Mädchen noch nie gesehen. Es hat einen Schrubber in der Hand und lange schwarze Locken, die oben auf dem Kopf mit einem Kamm zusammengesteckt sind. Seine Lider sind entzündet und geschwollen. Das Mädchen läßt uns nicht in die Bar hinein, weil es alle Barhocker umgekehrt auf den Tresen gestellt und den dunkelgrünen Linoleumboden knöchelhoch unter Wasser gesetzt hat. »*I'm Maria de la Incarnación*«, sagt das Mädchen und zieht die Nase hoch, »*and I'm cleaning the floor.*«

Wir gehen hinauf in das kleine blaue Zimmer über der Bar, und ich lasse mir schnell vom blonden Hippie den Rucksack unter dem Bett hervorholen und auf den Rücken setzen. Den Pseudosamsonite nehme ich in die eine, den Schlafsack in die andere Hand. Dem Hippie gebe ich die drei Plastiktüten zu tragen. »Hier riecht's nach Dope«, sagt er.

Unten in der Bar gebe ich den Schlüssel ab. Maria de la Incarnación schrubbt den Boden und weint vor sich hin. Sie steht barfuß in einem dunkelgrünen Linoleumsee und hört Mauris Rumfickerplatte, ganz laut. Ich gehe, ohne mich noch einmal umzudrehen, wie man das so macht, aber der Hippie bleibt stehen und liest mir den Schriftzug über der Tür vor, den ich so gut kenne: »*El sueño de la razòn.*« Da der Hippie Spanisch kann, übersetzt er richtig: »Der Schlaf der Vernunft?« fragt er.

»Ja«, sage ich, »so heißt der Laden.«

Mauri war einmal mit Schorsch, seinem Freund und Lehrer, in die Galerie der Stadt Stuttgart gegangen. Dort hing gerade eine Goya-Wanderausstellung. Sie hatten sich an der Garderobe zwei kleine dreibeinige Klapphocker geliehen, und weil sie nach der Otto-Dix-Sammlung nicht mehr laufen konnten und vorher noch in der Staatsgalerie gewesen waren, wo jahrzehntealter Staub, vor allem auf den schwäbischen Provinzmeistern des 19. Jahrhunderts, Mauris Lungen schwer zugesetzt hatte, hatten sie ihre Hocker gleich vor dem ersten Goya-Gemälde aufgeklappt und gemütlich einen eingerollt. Nach ein paar Zügen fiel ihnen auf, wie toll dieses Gemälde eigentlich war: Ein Typ saß an einem Tisch und schrieb oder dachte nach, und um ihn herum flatterten lauter fledermausgesichtige Monster. »*El sueño de la razón produce monstruos*« las Schorsch vor, der im Zuge seiner Auswanderungsvorbereitungen einen Spanischkurs an der Volkshochschule belegt hatte, und übersetzte: »Der Schlaf der Vernunft produziert Monster.«

»Wahnsinn!« sagte Mauri und starrte auf das Gemälde, doch dann kam ein Museumswärter vorbei und warf die beiden hinaus. Was genau so wahnsinnig an diesem Bild gewesen war, hatte Mauri mir nie richtig erklären können, obwohl er später seine halbillegale Bar im arabischen Viertel von Granada danach benannt hatte. Aber warum man etwas unter dem Einfluß von psychoaktiven Substanzen wahnsinnig gefunden hat, entfällt einem ohnehin immer gleich, wenn dieser Einfluß nachläßt. Mauri wußte eben nur noch, daß es Wahnsinn gewesen war.

Der blonde Hippie schläft im Wohnzimmer von spanischen Hippiefreunden auf der Ausziehcouch, und das soll für diese Nacht auch mein Bett sein. Ich freue mich darauf, nicht in dem kleinen blauen Zimmer über der Bar auf den Schlaf und auf Mauri warten zu müssen. Ich freue mich darauf, nicht allein zu sein. Und der blonde Hippie riecht gut. Ich stelle den Pseudosamsonite neben die Couch, entrolle meinen Schlafsack, hole meinen Kulturbeutel aus dem Rucksack und trage ihn ins Bad. Wenn das riesige Weleda-Sortiment auf dem Waschbeckenrand von meinem Hippie ist, erklärt das seinen guten Geruch. An der Türklinke hängen zwei Plastiktüten vom Alstertal-Einkaufszentrum in Hamburg. In der einen sind saubere, in der anderen schmutzige Unterhosen. Ich stecke meine Reisezahnbürste zusammen, putze mir die Zähne und nehme die Kontaktlinsen heraus. Als ich wieder ins Wohnzimmer komme, liegt der blonde Hippie auf der Wandseite. Er hat sein Goa-T-Shirt ausgezogen. Er hat das Licht ausgeschaltet, eine Kerze neben die Couch gestellt und angezündet. Im Kerzenlicht leuchten seine blonden Rastalocken wie Gold.

»Wo ist mein Koffer?« frage ich.

»Hab ihn in den Flur gestellt«, sagt der Hippie.

Ich gehe in den Flur, hole den Samsonite und stelle ihn neben die Kerze. Ich setze mich auf die Kante der Bettcouch und drehe meine Haare zu einer Kordel, damit ich morgen wieder Locken habe. »Wir müssen ja nicht«, sagt der Hippie.

Beim Frühstück machen wir Reisepläne, wie zwei Tramper, die seit Stunden an derselben Straßenecke stehen und anfangen, sich zu mögen.

»Ich muß runter zum Meer«, sage ich.

»Ich fahre in die Berge«, sagt der Hippie. »Da soll so ein Hippiedorf sein, sagen Nacho und Carlos, wo es billiges Dope gibt, direkt vom Erzeuger.«

Nacho und Carlos, die beiden spanischen Hippies, denen die Wohnung gehört, haben ihre Namen verstanden und winken uns vom Balkon aus zu, wo sie unter einer roten Markise liegen, ihren Morgenjoint rauchen und sich gegenseitig aus einer spanischen Koranübersetzung vorlesen. Jedenfalls kommt das Wort »Allah« häufiger vor.

»Ist ziemlich geheim«, sagt der Hippie, »aber Nacho und Carlos haben mir eine Skizze gemacht.«

Als ich begreife, daß er von Fortuna redet, ändere ich meine Pläne sofort. Wozu soll ich ans Meer fahren? An der Costa del Sol ist das Mittelmeer eine einzige Kloake und immer bedeckt von einem schmierigen Sonnenölfilm. Und wo genau ich das Zeug loswerden soll, hat mir Mauri nicht gesagt. So fahre ich zum zweiten Mal nach Fortuna.

Als ich vor zehn Tagen zum ersten Mal mit Mauri dorthin fuhr, roch es in Mauris R4 nach heißem Gummi und geschmolzenen Musikkassetten. Eine Kassette baumelte an ihrem eigenen Bandsalat vom Rückspiegel, neben einem Pfirsich-Wunderbaum. Pfirsich war die Lieblings-Wunderbaumnote von Mauris Mutter. Wir hörten *Violent Femmes*, und diese Kassette leierte auch schon. Die Piste wurde immer schmaler, und die Schluchten wurden immer tiefer. Die Berge sahen aus wie brandgerodet. Erst kurz vor Fortuna war das Gestrüpp wieder grün und dicht. Nachdem uns seit einer Stunde kein Lebewesen begegnet war, außer den Eidechsen, die wir dann überfahren hatten, lief nun plötzlich eine Frau vor uns her, in einer Art rosafarbenen Burnus. Auf dem Kopf hatte die Frau einen Fez und an der Hand ein Kind mit blonden Rattenschwänzchen. Sie drehte sich um, sah Mauris Tübinger Kennzeichen und freute sich. Wir bogen um die Ecke, und da waren die ersten Häuser, und ein Eselskarren kam uns entgegen. Auf dem Bock saß ein alter Mann mit einem Lendenschurz, und der Karren war vollbeladen mit blütelosen Hanfstauden: Es war Erntezeit in Fortuna.

Als wir vor dem einzigen Café von Fortuna hielten, war die Dorfstraße trotz der Siesta voller Hippies. Wir stiegen aus, und sonnenverbrannte Blondinen mit Messingglöckchen an den Füßen gingen an uns vorbei und lächelten uns zu. Genaugenommen lächelten sie Mauri zu und wurden dafür von ihren Freunden eifersüchtig bei der Hand genommen. Die Jungs sahen Mauris kahlgeschorenen ägyptischen Schädel und sein feines Prinzengesicht, sie nuckelten nervös an ihren Dreadlocks und faßten ihre Freundinnen fester, während den Mädchen das Blut ins Gesicht schoß und sie in den Handflächen zu schwitzen begannen. Aber die Dreadlocktypen wagten nicht, sich den Schweiß der Mädchen an ihren T-Shirts aus Goa, Bangkok oder Kreta von den Händen zu wischen, denn dazu hätten sie ihre Freundinnen loslassen müssen. Anders als ihre Freundinnen lächelten sie uns nicht zu. Auch die älteren Hippies lächelten nicht, aber nur, wie ich von Mauri erfuhr, weil sie nicht wußten, womit: Ein Leben auf den Cannabisfeldern und weitab vom spanischen Gesundheitssystem hatten die meisten mit ihren Zähnen bezahlt.

»Und deshalb«, sagte Mauri, »gehört das Lächeln eines alten Hippies aus Fortuna zu den seltensten Dingen der Welt.«

Ein Mann mit nacktem Oberkörper, schwarzen Haaren, blauen Augen und einem Schnurrbart wie ein chinesischer Mandarin kam aus dem Café gerannt: Das war Schorsch, Mauris Schorsch. Schorsch kam aus Reutlingen und war Physiklehrer an Mauris Internat am Bodensee gewesen. Während seines Studiums hatte er sich in den Semesterferien jahrelang ein zusätzliches Taschengeld als Harzreiber auf den Cannabisfeldern von Nepal verdient, später dann als Haschischpresser im Libanon. Dabei verdankte er dieses Taschengeld nicht in erster Linie seinem Lohn, sondern dem, was er dort im wahrsten Sinne des Wortes nebenbei abstaubte. Nach drei Jahren im Schuldienst hatte Schorsch schließlich beschlossen, auszuwandern und selbst Marihuanabauer zu werden, und zwar in Andalusien, in den Ausläufern der Sierra Nevada.

Mit Schorsch hatte Mauri seinen ersten Joint geraucht, als er zwölf war. Die ganze Klasse hatte einen Nachtausflug gemacht, um mit selbstgebastelten Spezialteleskopen eine Mondfinsternis zu beobachten. Als der Mond fast vollständig in den Erdschatten getreten war, verschwand Schorsch. Mauri, den sowieso niemand durchs Teleskop gucken ließ, ging ihn suchen und fand ihn auf einem Hochsitz mit einer gigantischen Tüte. Dank der riesigen Glut, die bis weithin leuchtete, hatte Mauri seinen Lehrer in dieser Dunkelheit überhaupt erst orten können.

»Komm rauf«, sagte Schorsch, »aber paß mir mit der Leiter auf.«

Mauri stellte sich als Inhaliertalent heraus, obwohl ihm seine Lunge bisher nur Ärger gemacht hatte. Der Rauch aber fand seinen Weg bis in die feinsten, entlegensten Verästelungen von Mauris entzündeten Bronchien. So weit war noch kein Asthmaspray gekommen.

»Gutes Dröhngras«, sagte Schorsch, »paßt zur Mondfinsternis. Bei kosmischen Ereignissen und so Zeug, im Prinzip bei allem, was dich an deine Grenzen bringt, so als Mensch« – Schorsch blies Rauch aus allen Körperöffnungen, sogar aus den Ohren, schien es Mauri –, »also bei allem, was irgendwie existentiell ist: niemals Kichergras! Hörst du, Mauri? Niemals!«

Mauri hörte.

»Ehrfurcht«, sagte Schorsch, »Ehrfurcht! Und was sagt der Mond?« Sogar unter dem Einfluß von Tetrahydrocannabinol blieb Schorsch noch Lehrer.

Am Busbahnhof kratze ich all meine Hundertpesetenstücke zusammen, leihe mir noch welche vom Hippie und rufe Mauris Mutter an, bevor wir in die Berge fahren. Sie ist schwer zu verstehen, und ich weiß nicht, ob das an dem weiten Weg liegt, den ihre Stimme von den Ausläufern der schwäbischen Alb quer durch die Schweiz nach Frankreich, über die Pyrenäen, durch Katalanien und Andalusien bis zu mir zurücklegen muß, oder daran, daß sie gerade im Garten ist.

»Wo bist du?« fragt sie.

»Immer noch in Granada«, sage ich, »aber ich fahre gleich in die Berge. Und wo bist du?«

»Verstehst du mich? Es ist ein bißchen windig«, sagt sie. »Ich mache gerade den Steingarten.« Mauris Mutter macht immer gerade den Steingarten.

»Mir geht es gut«, sage ich schon mal, falls sie fragen sollte.

»Hast du das Geld bekommen?« fragt Mauris Mutter. »Brauchst du noch mehr?«

»Danke«, sage ich, »ich habe eigentlich genug Geld.« Ich höre, wie sie die Glasschiebetür zuzieht und wie ihre Clogs auf dem glasierten Terrakottaboden klappern: Sie ist reingegangen.

»So besser?« fragt sie. Sie zündet sich eine Zigarette an. Sie inhaliert wie Mauri, immer mit einem erschrockenen »Hach!« und so hastig, als ob sie vorhätte, allen Rauch auf dieser Erde zu vernichten. Ich sehe sie in ihrem Siebziger-Jahre-Flachdachbungalow sitzen, der sich an einen alten Weinberg schmiegt und besser gesichert ist als die Wolfsschanze, und verzweifelt den Qualm ihrer *kim* einsaugen, bevor er sich in den Vorhängen festsetzen kann.

»Ja«, sage ich, »aber mein Geld ist gleich alle.«

»Willst du nicht einfach herkommen damit?« fragt sie. »Wir können das doch auch hier machen. Ist das überhaupt legal da unten?«

»Ich habe es Mauri so versprochen«, sage ich, und da ist die Leitung auch schon tot. Von dem, was Mauri hier unten gemacht hat, war das meiste sowieso nicht legal.

»Wie läuft die Bar?« fragte Schorsch und umarmte Mauri.

»Geht so«, sagte Mauri, »Ohne die Drogen sähe es schlecht aus.« Er zeigte auf mich. »Meine Freundin aus Deutschland. Sie ist für eine Woche zu Besuch.«

Schorsch sah mich an und lächelte. Ihm fehlte nur ein Schneidezahn.

»Dein Puffzimmer wartet auf euch«, sagte er zu Mauri.

Schorschs Finca lag etwas oberhalb von Fortuna auf einem Felsbuckel. Hier endete auch die Piste. Zusammen mit Schorschs fünfzehnjähriger Tochter, von der, wie mir Mauri erzählt hatte, niemand wußte, wer ihre Mutter war, kochte ich das Abendessen, während Schorsch und Mauri mit dem Motorrad auf die Plantage fuhren. Ich setzte Wasser auf und fragte Schorschs Tochter nach ihrem Namen, obwohl ich ihn längst kannte.

»Alhambra«, sagte sie und machte den Mund nicht mehr auf, bis sie anfing, Avocado in den Salat zu schneiden und ich ihr sagte, daß Mauri gegen Avocado allergisch sei. Sie schaute mich böse an und sagte: »Ich mache extra einen für Mauri ohne Avocado.«

Dann ließ dieses Mädchen, das nach einem architektonischen Wunderwerk benannt war, den roten Haarvorhang vor seinem Gesicht zufallen und redete nur noch mit den Katzen. Als ich das Nudelwasser abschüttete, klopfte jemand an die Tür, oder besser: neben die Tür, denn vor der Türöffnung hing nur ein Moskitonetz. Die Frau, die hereinkam, war die, die uns kurz vor Fortuna als erste über den Weg gelaufen war, die Frau mit dem rosafarbenen Burnus und dem Fez. Das blonde Mädchen mit den Rattenschwänzchen hatte sie nicht dabei.

»*Salaamu aleikum!*« sagte sie.

»*Wa-aleikum as-Salaam!*« antwortete Alhambra.

»Ich bin Fatima«, stellte sie sich vor.

»Ich bin die Freundin von Mauri«, sagte ich.

Alhambra, die gerade Tomaten schnitt, stieß das Messer in den Küchentisch und ging hinaus.

»Falls du einen Tip gegen den Bösen Blick brauchst«, flüsterte Fatima mir zu: »eine Nähnadel mit dem Öhr zuerst in die Gardine stecken, bevor du schlafen gehst.«

»Hier sind keine Gardinen.«

»Dann ins Moskitonetz«, sagte Fatima. »Aber das Öhr muß von dir wegzeigen.«

»Danke«, sagte ich.

»Gern geschehen«, sagte Fatima, »man kann nie wissen. Weil du doch die Freundin vom Mauri bist.«

Alhambra kam zurück, mit einer dicken Zwiebel in der Hand. An der Zwiebel klebte noch Erde. Auch Alhambras Gesicht war schmutzig, als habe sie die Zwiebel aus der Erde gebissen. Fatima gab ihr im Vorbeigehen einen Kuß.

Eine halbe Stunde später hörten wir, wie sich ein Motorrad die Piste heraufarbeitete: Schorsch und Mauri waren zurück. Mauris Augen glänzten.

»Groß wie Weihnachtsbäume«, sagte er. Er blieb in der Tür stehen und hustete sich erst einmal aus. Dann setzte er sich zu mir und küßte mich.

»Schön, daß du uns mal wieder besuchst«, sagte Fatima.

»Ja«, sagte Mauri, »war auch Zeit. Ich hab bald nichts mehr.«

Er fing an, die Nudeln auszuteilen. Fatima sah ihm zu.

»Grüße von Sole«, sagte sie dann. »Sie fährt nächste Woche zu ihren Eltern nach Sevilla, das Kind kriegen.«

»Aha!« machte Mauri.

»Dieses Jahr ist irre viel dran, findest du nicht?« fragte Schorsch. Und das fand Fatima auch.

»Wann erntest du?« fragte Fatima.

»Bald«, sagte Schorsch, »nur die Ruhe!«

Während wir aßen, redeten Fatima, Schorsch und Mauri von Blütendolden, so groß wie Blumenkohlköpfe, von Samenqualitäten, Bewässerungssystemen und bestechlichen Polizisten, von Razzien, Stickstoffkonzentrationen, Niederschlagsmengen und doppelten Böden in Mauris R4. Aber am meisten redeten sie von Geld. Alhambra und ich schwiegen. Alhambra sah Mauri mit ihren blauen Chinesenaugen an und kaute mit offenem Mund. Nach dem Essen setzte sie sich auf Mauris Schoß, legte das Gesicht an seinen Hals und flüsterte mit ihm. Ihre Haare waren rot wie die Glut an Mauris Joint, wenn er so tief inhalierte, daß ich Angst hatte, die Glut würde sich durch die Tüte und die Kehle einen

Weg bis hinunter in seine Lunge brennen. Ich bekam den Joint von Mauri zwischen die Lippen gesteckt, nahm zwei Züge und wollte dann an Schorsch weitergeben, aber Schorsch schüttelte den Kopf.

»Keine Frauen, keine Drogen mehr«, sagte er, »schon seit zwei Jahren. Und du nimm deine Finger da weg!« Damit meinte er Alhambra. Ich fragte mich, ob vom Joint oder von Mauri, und Alhambra grinste. Doch dann mußte sie runter von Mauris Schoß, weil Mauri und Schorsch *Uno* spielen wollten. Mauri und Schorsch waren besessen von *Uno*. Sie merkten sich zu jeder Karte, wann sie gefallen war und wer sie ausgespielt hatte. Und sie spielten unerbittlich gegeneinander. Sie kämpften um Alhambra, Fatima und mich als Verbündete und lockten uns mit Versprechungen. Es herrschte eine Atmosphäre wie bei der Konferenz von Jalta.

»Warum hast du Rot gesagt, obwohl du weißt, daß ich keins habe?« fragte Mauri und zog seinen Fuß zurück, der unter dem Tisch meinen Fuß berührt hatte.

»Du hast kein Rot mehr?« fragte ich.

»Falsche Schlange!« sagte Mauri.

»Ich geh dann mal«, sagte Fatima, nachdem Schorsch dreimal und Mauri zweimal gewonnen hatte, »der Meister weiß ja nicht, wo ich stecke.«

Fatima gehörte dem Orden der Tanzenden Derwische an, dessen Meister, Wahid ibn-Daud, mehrmals im Jahr einige Wochen in Fortuna verbrachte. Seit einiger Zeit sei der mystische Islam in Fortuna immer stärker geworden, erzählte Mauri, als Fatima wieder in ihren Fiat Punto gestiegen und davongefahren war, und unter den Hanfbauern gebe es dank Fatima von Jahr zu Jahr mehr praktizierende Derwische. Früher hatte man die Kinder in Fortuna fast immer nach Hindugöttern benannt, aber jetzt waren die meisten Shivas, Krishnas und Vishnus schon in der Pubertät und knatterten auf ihren Mopeds durch das Dorf und hinunter nach San José, wo samstags Disco war. Die Kinder aber, die auf den Straßen von Fortuna spielten und in bunten Tüchern herumgetragen wurden, hießen alle nach Mohammeds Frauen, Töchtern und Onkeln oder nach irgendwelchen entrückten Propheten.

Schorsch spülte das Geschirr, und ich trocknete ab, während Mauri und Alhambra am Küchentisch noch eine Partie *Vier gewinnt* anfingen.

»Ich hab neulich Shit für fünfzigtausend Peseten in einer Riesentüte Nüsse geschmuggelt«, sagte Alhambra zu Mauri. »Einfach die Nüsse knacken, das Zeug rein und wieder zusammenkleben.«

»Hör dir das an!« sagte Schorsch zu mir, »ich glaub, sie gehört doch allmählich in eine Schule.«

Er kratzte die Essensreste von unseren Tellern in eine Schüssel und brachte sie den Katzen. Ich hörte, wie er draußen mit den Katzen schimpfte. Alhambra gewann im *Vier gewinnt* und hüpfte um den Tisch herum, umarmte Mauri von hinten und drückte ihre weiße Pausbacke an seine zarte Schläfe. Ich trocknete Schorschs Lieblingsglas ab, ein Bierglas mit »Heineken«-Aufdruck, und da zerbrach es mir in den Fingern. Alhambra freute sich und hüpfte noch höher, als sie mein Blut sah.

»Das gibt Ärger mit Schorsch«, sagte sie.

Und da stand Schorsch auch schon in der Tür wie ein Karatekämpfer.

»Was ist passiert?« fragte er und schaute Alhambra an.

»Tut mir leid«, sagte ich. Ich zeigte ihm die Scherben und das Blut.

»Nicht schlimm«, sagte Schorsch. Er nahm mir die Scherben aus der Hand und warf sie in den Müll. Dann holte er Heftpflaster und verklebte mir die Fingerkuppen. Alhambra und Mauri sahen uns zu. Alhambras rotes Haar glühte, und Mauris Atem pfiff eine kleine Terz.

Wir gingen zum Schlafen in Mauris Puffzimmer. Mauris Puffzimmer war eine Hütte neben dem Werkzeugschuppen mit einer morschen Tür vor dem Eingang. Auf dem rohen Steinboden lagen zwei Matratzen übereinander, damit man die scharfen Kanten der Steine nicht spürte. Ich zog mich aus und schraubte die Flasche mit der Kontaktlinsenreinigungsflüssigkeit auf. Mauri saß im Schneidersitz auf meinem Schlafsack, den ich über die Matratze gebreitet hatte, rauchte einen Joint und sah mir zu. Seine Schlüsselbeine standen heraus wie Taubenflügel. Ich nahm die Kontaktlinsen heraus und legte sie in die Dose zum Aufbewahren.

»Nimm sie ganz raus«, sagte Mauri.

»Was?« fragte ich.

»Die Augen«, sagte Mauri ruhig, »oder ich stech sie dir aus. Komm!« sagte er und klopfte neben sich auf die Matratze: Mein rechter, rechter Platz ist leer. Wenn er das tat, dann mußte ich zu ihm kommen, denn wenn ich nicht käme, wäre das das Ende. Ich legte mich zu ihm ins Bett. Ich mußte ihm das Gesicht hinhalten, und er nahm es in die Hände. Ich mußte ihm mein Ohr hinhalten, und er redete.

»Du hast Rot gesagt und ihn so angeschaut«, sagte er.

»Wen?« fragte ich, »Schorsch?«

Mauris Augen waren blutunterlaufen vom Kiffen.

»Geh schon!« sagte er und hielt mich fest, »er wartet in seinem Turmzimmer auf dich, und er hat seit zwei Jahren keine Frau gehabt. Du stehst doch auf seine Muskeln!«

In Mauris Atem hörte ich schon Dreiklänge. Bei jedem Luftholen zog sich die Haut zwischen seine Rippen.

»Und du mußest natürlich Rot sagen, obwohl du wußtest, daß ich keins habe!«

»Hör auf, Mauri«, sagte ich, »das war doch nur ein Spiel!«

»Ja«, sagte Mauri, »und bald spielen wir ein Spiel, das heißt Bevor-du-mich-verläßt-verlaß-ich-dich!«

Er hustete mir ins Gesicht, bis er mich loslassen mußte. Ich griff nach dem Aerosol-Inhalator neben dem Bett.

»Nicht das!« hustete Mauri und sprang auf, um in seiner Brust Platz für die Lunge zu machen. Seine Lippen waren blau. »In meinem Rucksack!« Ich durchwühlte seinen Rucksack nach dem Bronchodilatator. Ich zog die Schutzkappe vom Mundstück und lief zu Mauri, der mit ausgebreiteten Armen auf den Matratzen stand wie ein Stelzvogel oder ein schwankender Jesus auf Golgatha. Ich stieß Mauri das Mundstück zwischen die Lippen und sagte:

»Einatmen!« Ich drückte, und der Inhalator fauchte, einmal, zweimal. »Nochmal!« sagte ich. Ich nahm Mauris Hand und legte sie um den Inhalator. Ich trat die Tür auf und hielt Mauri hinaus in die Nacht. Mauri zog die Schultern hoch. Er pumpte mit den Armen, als wolle er davonfliegen. Über uns war nichts als die Milchstraße und unter uns nur die Weite des Tals. Die einzigen Geräusche weit und breit machten die Grillen und Mauri. Doch plötzlich stimmten in das Jaulen seiner Bronchien die Hunde von Fortuna ein, und von ihnen schnappten es die Hunde entlang der Straße nach San José auf. Dann heulten sogar die Drogenspürhunde in der Polizeistation von Orgiva wie bei einem Heroinfund, und ihr Heulen pflanzte sich fort im Tal, bis hinunter zu dem Lichterklumpen weit im Süden, der Stadt am Meer. Die Nachtluft zitterte. Mauri ahnte das Meer, holte zum ersten Mal wieder tief Atem und hustete bis Marokko.

In Orgiva steigen der Hippie und ich aus. Hier einen Lift nach Fortuna zu bekommen sei Glückssache, hatten Nacho und Carlos gesagt: Man müsse die richtigen Leute ansprechen. Wir haben Glück, denn einer der Freaks, der mit uns auf der letzten Bank im Bus gesessen hat – dort, wo die Freaks immer sitzen, weil der vordere Busteil immer voll besetzt ist mit dicken spanischen Frauen, die Chips essen und sich kleine elektrische Taschenventilatoren ins Gesicht halten, und weil sie so dem Busfahrer die Möglichkeit geben, den Marihuanageruch zu ignorieren –, dieser Freak jedenfalls will auch nach Fortuna und wird abgeholt.

Wir steigen mit ihm in den Landrover, der vor der Busstation wartet. Am Steuer des Landrovers sitzt ein Mann mit langen Haaren und einer Vietcong-Stirnbinde. »Scheiße, wenn du wüßtest, wo ich gerade herkomme!« sagt der Mann zu dem Freak, und zu uns sagt er: »Ich bin Tom.«

Tom kommt geradewegs aus dem Polizeigefängnis von Orgiva.

»Ey, so'n Shit«, sagt der Freak, »'ne Razzia so kurz vor der Ernte?«

»Das Zeug stand noch nie so hoch wie in diesem Jahr«, sagt Tom.

»Shit«, sagt der Freak nochmal.

»Warum haben sie dich wieder rausgelassen?« frage ich.

»Harte Dollars«, sagt Tom. »Aber guckt euch mein Souvenir an!« Er streckt das Kinn in die Luft und zeigt uns im Rückspiegel seine frisch verschorfte Platzwunde.

Nach seinem Asthmaanfall in der Nacht und mehreren Theophyllinzäpfchen hatte Mauri bis zum folgenden Abend geschlafen. Ich lag neben ihm und zählte die Schläge der Kirchturmuhr vom Dorf San José, wo es eine Kirche gab, anders als in Fortuna, wo die Leute entweder Sufis oder Sannyasins waren oder gar nichts. Ich hörte auch Männerstimmen vor unserer Tür, Stimmen, die spanisch redeten, und das Geräusch von Schorschs Motorrad, das sich immer weiter entfernte. Dann wurde es still. Ich wartete und zählte die Haare auf Mauris Matratze. Hier waren die meisten lang und rot. Ich wartete, bis Mauri die Augen aufschlug, in deren Weiß gestern Nacht beim Husten alle Blutgefäße geplatzt waren, und als er mich ansah, war alles wieder gut. Aber als wir aus der Tür traten, saß da Alhambra und weinte, allein in der Dunkelheit und inmitten von lärmenden Grillen.

»Was ist los?« fragte Mauri und setzte sich neben sie.

»Razzia«, sagte Alhambra. »Sie haben fünf Felder gefunden und die Pflanzen beschlagnahmt, sie haben Tom und Miguel verhaftet, und trotzdem ist Schorsch noch die Felder bewässern gefahren.«

»Scheiße«, sagte Mauri.

Dann lief er los. Er lief mit der Taschenlampe über das ganze Grundstück und kontrollierte Schorschs Verstecke. Alhambra und ich halfen ihm, Mörtel anzurühren und Steine zu schleppen, Sträucher umzupflanzen und Plastikbeutel in der Kloake zu versenken. Wir strichen Baumstämme mit Insektenvertilgungsmittel an, um die Nasen der Spürhunde zu irritieren, und Alhambra kroch mit einer Schaufel in die Hundehütte und schaffte Berge von Sand hinaus, während ihr die Hunde das Gesicht leckten. Ich reichte ihr fünf Plastiksäcke an, die sie in das frisch gegrabene Loch legte. Dann schüttete sie es zu und stampfte auf dem neuen Hüttenboden herum, bis er hart war wie Stein. Und dann gab es nichts mehr zu tun. Wir setzten uns in die Küche und warteten.

»Du weißt, daß du hier bei mir bleiben mußt, wenn Schorsch nicht zurückkommt«, sagte Alhambra nach einer Weile zu Mauri. »Du hast es ihm versprochen.«

Mauri nickte.

»Versprich's mir direkt nochmal«, sagte Alhambra.

»Ich versprech's«, sagte Mauri und schaute mich an.

Alhambra strich sich die Haare zurück und zog ihr Backstreet-Boys-T-Shirt über der Brust straff. »Jetzt dreh ich uns erstmal ein Tütchen«, sagte sie und zwängte ihre Hand in die Jeanstasche. Mauri nahm ihr die Blättchen und die Fisherman's Friend-Dose mit dem Dope weg.

»Du kannst doch hier keinen einrollen, solange die Guardia Civil jeden Moment mit Schorsch in der Tür stehen kann!« sagte er. »Und seit wann kiffst du überhaupt?«

»Seit wann kiffst du denn?« fragte Alhambra zurück.

»Tu nicht so erwachsen!« schrie Mauri. »Denk nicht, daß du hier machen kannst, was du willst, wenn Schorsch im Knast ist!«

»Reg dich ab!« sagte Alhambra. Die Grillen unter den Fenstern machten irrsinnigen Krach, und trotz des Netzes vor der Tür waren bei unserem Herumgerenne dutzende Moskitos in die Küche geraten. Der Wind wehte Brandgeruch heran.

»Seid ihr verrückt geworden? Du kannst doch nicht hierbleiben, Mauri«, sagte ich. »Was ist mit der Bar und dem Asthma? Wo ist hier der nächste Arzt? Was machst du, wenn der große Anfall kommt, wenn das Theophyllin nicht mehr hilft? Wer gibt dir die Spritze, damit du nicht verreckst? Wie hätte ich dich zum Beispiel gestern hier von diesen Bergen runterschaffen sollen?«

Mauri verschränkte die Arme, und ich wußte, daß ich nachher nichts zu lachen haben würde. Diesmal war es mir egal. Alhambra sah an die Decke.

»Und wenn dich hier eine Biene sticht«, schrie ich, »oder die kleine Hexe dir Nüsse ins Essen tut oder der Schatten einer Avocado auf dich fällt? Gehst du dann zu den Krishnas und tanzt deine Lunge frei? Du bist kein Held, du bist Allergiker!«

Mauri stand auf, nahm meine Hand und zog mich vor die Tür, hinaus in den Grillenlärm.

»Ich hätte dich gefragt, ob du mit mir hierbleibst, wenn sie Schorsch verhaften«, sagte er, »ich hätte dich gefragt, ob du mit mir die Felder bewässerst und die Ernte einbringst und auf Alhambra aufpaßt. Aber jetzt hast du alles kaputtgemacht!«

Da hörten wir in der Ferne das Aufröhren von Schorschs BMW und sahen, wie ein einzelner Scheinwerfer über die Piste zu uns heraufgekrochen kam.

Mit dem Zeug hätten wir drei Schlafsäcke füllen können, aber wir mußten uns beeilen. Mauri machte entlang der Nähte kleine Schnitte und riß die Synthetikfüllung heraus. Dann stopfte Schorsch meinen Schlafsack mit dem Zeug aus, das er durch einen Schlitz in der Dachpappe aus dem Dach geholt hatte. Und zum Schluß setzte ich mich damit an den Küchentisch und nähte alles wieder zu. Nach dieser Operation ließ sich der Schlafsack sehr viel schwerer zusammenrollen als vorher, und er duftete narkotisierend. Als wir begannen, das restliche Gras in Gefrierbeutel abzufüllen, um sie später in Mauris speziell präparierte Autositze zu stecken, rief Alhambra, die vom Zwetschgenbaum aus die Piste observierte: »Fatima kommt!«

Der Meister Wahid ibn-Daud war jung, und er hatte einen glänzenden, gepflegten Bart. Trotzdem ging er am Stock; an einem Knotenstock aus Olivenholz.

»Allah segne euch«, sagte er. Sein Bart war blond, aber trotzdem war ich erstaunt, ihn Deutsch sprechen zu hören.

»Ich konnte ihn nicht da unten lassen«, sagte Fatima. Sie trug das kleine blonde Mädchen mit den Rattenschwänzchen auf dem Arm. Es schlief. »Waren sie schon hier?« fragte sie.

Wahid ibn-Daud ging an den Herd, hob die Topfdeckel, zog ein paar Nudeln von gestern durch die übriggebliebene Tomatensoße und steckte sie in den Mund.

»Nein«, sagte Schorsch.

Fatima setzte sich. »Dann kommen sie auch nicht mehr. Sie haben das ganze Gras auf fünfzehn Pickups geladen und sind damit runter nach Orgiva. So schöne Pflanzen! Der nächste Polizeiball wird bestimmt eine Orgie! Und ein paar Leute haben sie gleich in den Knast gesteckt. Mauri muß hier weg!«

»Warum muß ich weg?« fragte Mauri.

Fatima nahm ihren Fez ab. Das Haar unter dem Fez war kurz, dünn und verschwitzt.

»Irgendwer will einen Mann gesehen haben, der mit den Bullen hinaufgefahren ist und ihnen den Weg zu den Feldern gezeigt hat. Sein Gesicht ist nicht zu erkennen gewesen, weil er eine schwarze Motorradsturmhaube darübergezogen hatte. Aber groß und dünn ist er angeblich gewesen, und er hat gehustet.«

»Wer hat das gesagt?« fragte Mauri zweistimmig, und sein Atem fing an zu rasseln.

»Keine Ahnung, einer von diesen neuen Rasta-Goa-Typen«, sagte Fatima, »die Namen merke ich mir nie.«

Mauri konnte nicht fahren. Halb lag und halb saß er in meinen Schlafsack gewickelt hinten auf der Ladefläche des R4. Er röchelte. Jedesmal, wenn ich durch ein Schlagloch fuhr, bekam er einen Hustenanfall. Wir mußten einen Umweg fahren, weil Mauris Auto im Dorf nicht gesehen werden sollte.

»Ganz schön miese Stimmung da unten«, hatte Fatima gewarnt.

»Und was ist mit dir?« fragte ich Schorsch.

»Ich komm schon klar«, sagte Schorsch, »die werden den Tag ihrer Geburt noch verfluchen!« Das hatte er laut Mauri früher im Internat immer zu Spickern und Petzen und Feiglingen gesagt, und in der Tat waren die meisten, die eine Ehrenrunde drehen mußten, wegen Physik sitzengeblieben. Schorsch umarmte zum Abschied erst Mauri, dann mich. Alhambra gab Mauri einen Zungenkuß, und Mauri schaffte es nicht, ihn nicht zu erwidern, obwohl seine Atemwege schon so gut wie dicht waren und er an Alhambras Kuß fast erstickt wäre. Wahid ibn-Daud hob seinen Knotenstock und segnete unseren Weg.

Ich wußte nicht, wie zuverlässig die Wegskizze war, die Schorsch mir auf einen alten Briefumschlag gekritzelt hatte. Und wo wir waren, das wußte ich schon gar nicht. Die Straße wurde immer holpriger. Ich mußte Geröllbrocken ausweichen. Und jedesmal, wenn Mauri in einer Kurve gegen die Seitenwand gedrückt wurde, bekam er einen Erstickungsanfall.

»Fahr seitlich ran«, keuchte Mauri, »und bau mir schnell einen!«

»Spinnst du?« sagte ich, »Gras rauchen senkt den Theophyllinspiegel! Hast du deine Tabletten geschluckt?«

Das hatte Mauri natürlich nicht. Als ich Gas gab, wurde er wütend und richtete sich auf: »Halt an!« Aber in der nächsten Kurve warf es ihn gleich wieder um.

»Leg dich hin und riech am Schlafsack!« sagte ich. Ich fuhr weiter. Hinter mir war es still geworden. Und plötzlich wurde die Straße besser. Dann mündete sie in eine andere Straße, die sogar beleuchtet war. Ich machte das Fernlicht aus.

»Ich ersticke«, sagte Mauri.
»Du erstickst nicht«, sagte ich.
»Ich sterbe«, sagte Mauri.
»Du stirbst nicht«, sagte ich.

»Wie kommst du denn hierher?« fragt Schorsch, als ich mit dem blonden Hippie in der Küchentür stehe. In seinem verfilzten Chinesenbart hängen Tabakkrümel, und sein Kinn ist bedeckt mit grauweißen Stoppeln. Er sieht aus, als habe er seit einer Woche jede Nacht auf Mauri gewartet, genau wie ich.

»Von Toms Haus aus sind wir geklettert«, sage ich.

»Ist Tom wieder draußen?« fragt Schorsch.

Ich nicke. Auf dem Küchentisch liegen die *Uno*-Karten, auf fünf Häufchen verteilt.

»Ich spiele mit mir selbst«, sagt Schorsch.

»Wo ist Alhambra?« frage ich.

Schorsch antwortet nicht. Der blonde Hippie schaut von Schorsch zu mir und weiß nicht, was er sagen soll. Er nimmt mir den Pseudosamsonite ab und stellt ihn auf den Küchentisch, neben die *Uno*-Karten. Schorsch sieht sich den Koffer an. Er ist wirklich sehr häßlich.

»Was ist da drin?« fragt Schorsch.

»Mauri«, sage ich.

Ich sitze hinter Schorsch auf der BMW und halte mich an seinem nackten Rücken fest. Wir fahren die Piste in Richtung Fortuna hinunter, biegen aber links ab, bevor wir Toms Haus erreichen. Der Weg ist kaum zu erkennen zwischen lauter Dorngestrüpp. Wir fahren an brikettschwarzen Baumskeletten vorbei und an einer meterhohen, bröckeligen Felswand, an die sich Geckos klammern. Wir fahren durch wilde Brombeerfelder, ein vertrocknetes Bachbett und lange durch einen jungen Pinienwald. Dann hört der Weg auf und der Wald. Und vor uns liegt ein Feld der Träume.

Schorsch und ich lassen das Motorrad stehen. Wir gehen ein Stück in das Feld hinein. Die Pflanzen sind so groß, daß ich ihre höchsten Blüten nicht erreichen kann. An ihren Spitzen hält sie ein leichter Wind fest und schüttelt sie, und an ihren Wurzeln ist es still. Mit ihren vielfingrigen Blättern kämmen sie uns die Haare wie mit sehr rauhen Händen, und sie geben uns klebrige Küsse. Auf ihren Blütenständen glitzern die Harztröpfchen wie Quecksilber. Ich öffne den Koffer hoch über meinem Kopf und lasse Mauri einfach davonfliegen, so, wie ich es versprochen habe.

Als wir zurückkommen, finden wir die Küche leer. Ich suche meinen blonden Hippie überall und stoppe ihn schließlich mit seinem Rucksack an der Böschung unterhalb von Schorschs Haus. Er hat sich ein frisches T-Shirt übergezogen. Darauf steht: *Crete Summer 1992.*

»Ich gehe hinunter ins Dorf«, sagt er.

»Warte!« sage ich.

Ich ziehe mich an der Böschung hoch und laufe in Richtung Küche. Auf dem Weg dorthin bleibe ich vor Mauris altem Puffzimmer stehen. Ich öffne die Tür einen Spalt. Ein Lichtstrahl fällt auf ein Büschel roter Haare, ein Knäuel von Bettdecken. Aber es rührt sich nichts. Ich mache die Tür schnell wieder zu, denn es riecht nach abgestandenem Rauch und kaltem Mädchenurin. Ich renne in die Küche und hole meinen Schlafsack. Als ich die Böschung wieder hinunterklettere, hoffe ich, daß der Hippie noch da ist, und er ist noch da, sitzt auf seinem Rucksack und reinigt sich die Zehennägel mit einem Grashalm. Ich drücke ihm den Schlafsack in die Hand.

»Süße Träume!« sage ich.

Leichte Mädchen

Die leichten Mädchen kamen auf der Ladefläche eines hellblauen Kleintransporters in unser Dorf. Sie lagen in einem Haufen Kissen, und obwohl ihr Zuhälter vorsichtig durch die Schlaglöcher vor der Molkerei steuerte, wurden sie mächtig durcheinandergeschüttelt. Feuchter Sand, der nach saurer Milch roch, spritzte gegen die Kotflügel. Die leichten Mädchen lachten und schüttelten ihre Haare über den Kissen aus.

Bernie sah sie als erster. Er hatte Frühschicht und wollte gerade mit dem Milchlaster in die Molkereiauffahrt einbiegen, als der Wagen mit den drei Mädchen an ihm vorbeischaukelte. Die Mädchen winkten ihm zu, und Bernie mußte scharf bremsen.

In der Küche pellte meine Schwester Imi an diesem Tag mit roten Händen Tomaten, als jemand am Fenster vorüberging. Imi wunderte sich über den Duft nach Parfüm und Zimtkaugummi, der nicht zu den Gerüchen unserer Küche gehören konnte, und sah von den Tomaten auf, die blasig und aufgeplatzt in einer Schüssel mit heißem Wasser lagen. Sie wartete, und der Duft kam wieder, zusammen mit einem der leichten Mädchen. Imi ließ das Messer sinken.

»Ich bin Ihre neue Nachbarin«, sagte das Mädchen am Fenster.

Imi wischte sich die nassen Hände an der Schürze ab und gab dem Mädchen die rechte. »Entschuldigen Sie die Aufdringlichkeit«, sagte das leichte Mädchen. »Wir möchten ein paar Sachen an den Wänden anbringen. Haben Sie eine elektrische Bohrmaschine?«

Imi ließ die Tomate, der sie gerade die Haut abzog, zurück in die Schüssel fallen, rannte in die Abstellkammer, nahm den Werkzeugkasten in die eine, den Bohrer in die andere Hand und folgte dem leichten Mädchen hinüber ins Nachbarhaus.

Am nächsten Tag schaute Bernie, der Milchfahrer, wie zufällig bei uns vorbei. Seine Glatzenhaut schien noch dünner zu sein als sonst, und sie glänzte rotseidig in der Sonne.

»Du mußt besser auf deine älteste Tochter aufpassen«, sagte er zu unserem Vater. »Sie ist gestern rübergegangen und erst Stunden später wieder herausgekommen. Ich hab's gesehen!«

»Rüber?« fragte Vater. »Zu den Friseusen?«

Bernie lachte.

»Friseusen sind das keine! 'n paar leichte Mädchen sind das, das ist doch klar!«

Vater holte Imi herein. Imi stand unter dem Zwetschgenbaum und sollte eigentlich Zwetschgen pflücken. Sie schaute aber immer wieder zum Nachbarhaus und vergaß das Pflücken, und wenn sie sich wieder daran erinnerte, paßte sie nicht auf und erwischte nur die harten Zwetschgen oder die, die sich halb verfault und von den Hummeln angefressen gerade noch am Baum halten konnten.

»Ich habe bloß geholfen, ein paar Nägel einzuhauen, ein paar Schränke anzubringen und ein paar Sachen aufzuhängen«, sagte Imi, als sie in die Küche kam. »Keine halbe

Stunde hat das gedauert.« Mit den Fingerknöcheln wischte sie sich den Schweiß unter den Augen weg.

»Was für Sachen?« fragte Bernie. Er fuhr sich vorsichtig über die Glatze und hielt den Atem an. Aber Imi befriedigte Bernies Neugier ganz und gar nicht mit ihrer Beschreibung der kleinen Glasvitrinen, der Seidenpantöffelchen und messinggefaßten Spiegel, der Pferdeposter, japanischen Fächer und Jadegötzchen, die sie im Haus der leichten Mädchen aufgehängt hatte. Blaß und verkrampft, mit hängendem Kopf und ohne ein höfliches Wort drehte sich Bernie um und ging. Er hinterließ einen klebrigen Abdruck auf der Türklinke, als habe er zuvor in Honig gefaßt.

Es war gut für meine Schwester, daß wir nun neue Nachbarn hatten, denn sie langweilte sich oft. Imi hatte in diesem Sommer keine Arbeit gefunden und war den ganzen Tag zu Hause. In der Molkerei anfangen wollte sie nicht, wegen des Gestanks. Noch nie hatte Imi Milch gemocht. Jeden Nachmittag, wenn die anderen Kinder gleich nach der Schule zu den Milchpfützen liefen, war Imi nach Hause gegangen, duschen. Sie mied die Molkerei wie das Höllenfeuer und haßte sie wie die Pest. Die Molkerei nicht einmal riechen zu müssen blieb allerdings ein Kunststück, das ihr nie gelungen war, obwohl sie sich mit Lufterfrischern und parfümierten Potpourris auskannte wie niemand sonst. Wenn der Wind aus Westen kam, nützte es auch nichts, daß Imi alle Türen und Fenster schloß und Kirsch-Raumduft im ganzen Haus versprühte. Die Milch war überall. An feuchten Tagen, behauptete Imi, könne man sehen, wie die Molke innen an den Wänden herunterliefe. Und in heißen Monaten bilde sich manchmal eine Haut auf dem Baggersee.

Jeden Morgen, wenn Vater und Mutter in die Molkerei gingen, versuchten sie, Imi zum Mitkommen zu überreden.

Und jeden Morgen blieb Imi zu Hause. Aber der Milchgeruch, der herüberwehte, erinnerte sie den ganzen Tag über daran, daß die Molkerei da war und auf sie wartete. Und dann gab es ja noch die anderen Gerüche, von denen Imi von morgens bis abends umgeben war: Die Abflüsse waren verstopft, der Komposthaufen stank, und in der Hitze des Gartens faulten die herabgefallenen Zwetschgen, die Imi jeden Morgen mit einem Spaten von der Terrasse kratzen mußte. Ich fuhr jeden Morgen in die Schule, und jeden Mittag, wenn ich zurückkam, konnte ich in den Falten der aufgehängten Wäsche und den Umrissen der Pfützen am Gartenschlauch lesen, was am Tag passiert war: nicht viel.

Doch dann kamen die leichten Mädchen.

»Wie sieht es drüben aus?« fragte ich, als ich mit Imi in der Küche saß und ihr beim Zwetschgenentsteinen half.

»Sie haben noch nicht viele Möbel«, sagte Imi. »Die alten Tapeten sind noch drin, aber die Badewanne haben sie rausreißen lassen und einen Whirlpool eingebaut.«

Imi hatte einmal in einem Whirlpool gesessen, bei einem Klassenausflug ins Schwimmbad, aber dieser Whirlpool hier war in einem Haus wie unserem, und er war rosa, erzählte Imi. »Die Wasserhähne sind aus Gold«, sagte sie, »und die Badematten aus Angora.«

»Meinst du, sie holen dich nochmal?« fragte ich.

»Vielleicht«, sagte Imi.

Unsere Mutter schaute herein.

»Mach deine Schularbeiten!« sagte sie zu mir. »Die Zwetschgen kriegt sie schon allein entsteint.«

Bei mir war eben noch nicht alles zu spät.

Am nächsten Vormittag war das Klo der leichten Mädchen verstopft. Wieder kam das Mädchen, das ständig Zimtkaugummi kaute, herüber und klopfte ans Küchenfenster. Sein Haar hatte die Farbe von Sandelholz. Es trug einen Kittel und ein Schwesternhäubchen, Seidenstrümpfe, aber keine Schuhe. Imi hatte einen Riesentopf Zwetschgenmus auf dem Herd, und obwohl das Zwetschgenmus gerade anfing aufzuschäumen, suchte und fand Imi das Abflußfrei und rannte hinter dem leichten Mädchen her, das auf Strümpfen über den Rasen lief und nicht merkte, daß es in schimmlige Zwetschgen trat, die von Bienen umsummt waren.

Im Haus der leichten Mädchen roch es nach süßem Schweiß. Die Luft war, laut Imi, »schön absichtlich stickig«, und wenn Imi für etwas Verständnis hatte, dann dafür, daß jemand in diesem Dorf nicht lüftete.

Im Wohnzimmer schaukelte das zweite der leichten Mädchen in einer Hängematte. Es sah aus wie eine zu groß geratene Amazonasindianerin, und in seine Unterlippe war ein tellergroßes Stück Balsaholz eingelassen. Es ließ einen Arm aus der Hängematte hängen, und beim Schaukeln kämmte es mit vier Fingern den Flokati.

»Wo ist die dritte?« traute sich Imi zu fragen.

Die Amazonasindianerin zeigte an die Decke.

»Springt Seil«, sagte sie undeutlich über das Balsaholz hinweg und lauschte mit Imi auf das regelmäßige Rumsen im ersten Stock.

Imi erzählte mir jeden Abend von den leichten Mädchen. Bald jedoch fing das ganze Dorf an, über sie zu reden, und die Leute redeten ganz anders als Imi.

Imi ging zum Edeka und traf Bernies Frau beim Anstehen an der Kasse.

»Was für ein Gestank!« flüsterte Bernies Frau. »Die müssen den ganzen Tag in Parfüm baden! Drei junge Mädchen, dazu ein Zigeuner mit lackierten Fingernägeln, so lang wie Mistgabelzinken, und dann dieser Gestank!«

Imi sagte, daß ihrer Meinung nach ohnehin kein Gestank gegen den der Molkerei ankäme, und was ihre neuen Nachbarinnen im Dorf verbreiteten, sei kein Gestank, sondern ein Duft. Bernies Frau fand, in einem Dorf, das vom Milchfahren, Milchrühren, Milchabfüllen und Milchverpacken lebe, sei der Geruch nach Milch der einzig natürliche und richtige. Außerdem sei es ja nicht der Geruch allein.

»Bernie meint«, sagte Bernies Frau, »daß die alle der Prostitution nachgehen, und da regt er sich furchtbar drüber auf.«

In der folgenden Nacht weckte Imi mich aufgeregt und zerrte mich ans Fenster. Vor dem Haus unserer neuen Nachbarn waren drei Autos vorgefahren, riesige schwarze Autos mit Chromteilen, die im Mondlicht funkelten. Jedes trug das Kfz-Kennzeichen einer anderen Stadt. Aus jedem Auto stieg ein Mann in einem weiten Trenchcoat, und in jedem Auto saß ein Chauffeur. Nachdem die Türen hinter den Männern zugefallen waren, setzten die Chauffeure die Autos zurück und bogen wieder in die Straße ein, um auf der gegenüberliegenden Seite im Schatten des Kiefernwäldchens zu verschwinden.

»Wie im Märchen!« flüsterte Imi. »Drei Kutschen und drei Königssöhne!«

Die drei Männer gingen durch das Gartentor, von dem Imi selbst das alte »Hier wache ich!«-Schild abgeschraubt hatte, und auf der anderen Straßenseite, zwischen den dünnen geraden Kiefernstämmen, flammten drei Feuerzeuge auf. Die leichten Mädchen hatten die Tür offengelassen. Das ganze Haus war hell erleuchtet, und in jedem Zimmer schien das Licht eine andere Farbe zu haben. Gegenüber im

Kiefernwäldchen zog die Zigarettenasche der drei wartenden Chauffeure Glutschweife durch die Dunkelheit. So viel Licht hatte es in unserer Straße mitten in der Nacht noch nie gegeben.

Imi stellte das Fenster auf Kipp und sog den Duft doppelt konzentrierter Ylang-Ylang-Essenz ein, der die Luft zwischen unserem Haus und dem Haus der leichten Mädchen trotz der Nachtkühle flimmern ließ. »Der Whirlpool!« sagte Imi.

Als ich zurück ins Bett kroch, stand Imi noch immer hinter dem Vorhang.

Nicht nur Imi war seit der Ankunft der leichten Mädchen nicht mehr die alte. Allmählich wich den Männern im Dorf das Blut aus dem Gesicht und wanderte woanders hin. In der Molkerei ereigneten sich innerhalb einer Woche drei Arbeitsunfälle: Einem Maschinenschlosser wurde in der Tetrapak-Abfüllanlage der rechte Zeigefinger abgequetscht, ein Lehrling verbrühte sich beim Pasteurisieren, und beim Quarkrühren kugelte sich jemand den Arm aus – nicht mitgezählt die Ausrutscher in der Käserei und die Fehlentscheidungen der Lebensmitteltechnologen, die sich auf ihren Geruchssinn nicht mehr verlassen konnten. Auf einer staubigen Zufahrtsstraße zur Molkerei, die hinter unserem Garten und dem Garten der leichten Mädchen entlanglief, kippte ein Milchtransporter um, weil der Fahrer die Wäsche der leichten Mädchen auf der Leine hatte ihm zuwinken sehen. Der Duft der Wäsche, den er hinterher als »wie nasses Heu mit Piña Colada« beschrieb, war durch das heruntergekurbelte Fenster zu ihm in die Fahrerkabine geweht. Hunderte Liter Milch versickerten im Boden, und der Fahrer bekam Schlafstörungen, auf die ihn seine Frau mit keinem Wort ansprechen durfte.

Bernie lief mit rotem Gesicht und entzündeter Glatze herum. Er war der zuverlässigste und gewissenhafteste aller Milchfahrer und mußte deshalb Doppelschichten schieben, zusammen mit unserem Vater, der einfach unsensibel war wie ein Stück Holz. Die Doppelschichten bekamen Bernies hohem Blutdruck nicht. Trotzdem begann er auch noch, mit einer Unterschriftenliste »gegen die Ausübung von Prostitution in einem Wohngebiet« von Tür zu Tür zu rennen. Seine Glatze fing an, sich leicht zu schälen.

Imis Wangen glühten: Nacht für Nacht sah sie Königssöhne aus Kutschen steigen, die sich ins Nachbarhaus ziehen ließen, und erst nach langer Zeit, »wenn die zerwühlten Laken sie wieder ausgespuckt haben«, wie Imi es formulierte, von den leichten Mädchen wieder zu ihren Wagen geleitet wurden.

Tagsüber gab es im Nachbarhaus immer etwas zu tun für Imi, denn die leichten Mädchen waren dann so schläfrig, daß sie keinen Finger rühren konnten. Ihr Zuhälter, der Zigeuner, kam immer nur montags, und außerdem waren die Nägel seiner beiden kleinen Finger so lang – Imi hatte sie gesehen; sie waren spitzgefeilt, und der Zigeuner beklebte sie mit Viertelkarätern oder setzte kleine Pattextupfer darauf, in die er Goldstaub rieseln ließ –, daß er in handwerklichen Dingen keine rechte Hilfe war. So riefen die leichten Mädchen jedesmal Imi, wenn eine Glühbirne durchgebrannt war oder Haare den Whirlpoolabfluß verstopften, wenn der Videorecorder nicht funktionierte oder ein neuer Ansagetext auf den Anrufbeantworter gesprochen werden mußte. Ständig holte Imi Dinge irgendwo heraus- oder herunter: eine Seidenkrawatte aus dem Klo, ein Schnürleibchen von der Deckenlampe, eine Balalaika vom

Birnbaum oder einen Mercedes aus dem Straßengraben. Der Mercedes, erzählte mir Imi später, habe die Buchstaben CD auf dem Nummernschild getragen, und das stehe für *Corps diplomatique.*

Eines Vormittags klingelte Frau Bock an unserer Tür. Imi wunderte sich, denn Frau Bock war die Personalchefin der Molkerei. Eigentlich hatte sie nie Zeit, und sie wohnte nicht einmal im Dorf, sondern am Rand der nächsten größeren Stadt. Außerhalb der Molkerei sah man Frau Bock nur, wenn sie morgens ihren moosgrünen Kombi vor der Molkerei parkte und abends damit wieder nach Hause fuhr. Sie war noch nie zur Weihnachtsfeier im Gemeindehaus gewesen und auch nicht auf dem Schützenfest. Bei Betriebsfesten ging sie immer früher.

Frau Bock klingelte, und Imi machte ihr auf, weil sie dachte, es sei eins der leichten Mädchen, das die Suppe holen käme. Imi hatte nämlich angefangen, für die leichten Mädchen zu kochen. Aber Frau Bock interessierte sich nicht für die Suppe. Sie setzte sich an den Küchentisch und sah zu, wie Imi Petersilie und Liebstöckel hackte.

»Ihr Vater hat uns verraten, daß Sie arbeitslos sind«, sagte Frau Bock.

»Arbeit hab ich genug«, sagte Imi.

»Aber keinen Job«, sagte Frau Bock. »Sie sitzen doch die ganze Zeit hier herum.«

»Ich koche hier die ganze Zeit Zwetschgenmus.«

»Aber das ist doch nichts«, sagte Frau Bock. »Bei uns sind genug Stellen frei.«

»Ich gehe nicht in die Molkerei«, sagte Imi.

»Sie müssen ja nicht zum Käse oder in die Buttermilch«, sagte Frau Bock, »Sie können zum Beispiel zum Fruchtjoghurt oder in die Buchhaltung.«

»Stinken tut es überall«, sagte Imi. Sie trug das Schneidbrett zum Herd und schabte die zerhackten Kräuter mit dem Messer in die Suppe. »Sieht's denn so schlecht aus?« fragte Imi.

»Um ehrlich zu sein«, sagte Frau Bock, »wir haben ein kleines Personalproblem wegen ein paar Ausfällen in letzter Zeit.«

Es klingelte wieder. Imi ging öffnen, und diesmal stand das kleinste der leichten Mädchen vor der Tür. Es trug weiße Kniestrümpfe und fragte nach der Suppe. Imi ging zum Herd, nahm den Topf vom Feuer, wickelte ein Handtuch darum und legte ihn dem Mädchen vorsichtig in die Arme. Das Mädchen gab Imi über dem Topf einen Kuß. »*Spassiba*«, flüsterte es. Es duftete nach unreifen Äpfeln.

»Das war Russisch«, sagte Imi, als die Tür hinter dem leichten Mädchen zugefallen war.

Frau Bock schaute auf ihre gefalteten Hände.

»Ja, dann«, sagte sie. »Überlegen Sie's sich noch mal.« Sie stand auf.

»Bestimmt nicht«, sagte Imi.

»Ihre Sachbearbeiterin beim Arbeitsamt wird sich fragen, warum Sie zumutbare Arbeit ablehnen«, sagte Frau Bock.

»Ich brauch das Geld nicht«, sagte Imi.

Den Männern, die noch alle Glieder hatten, fiel es immer schwerer, sich zu konzentrieren. Ständig vergaßen sie irgend etwas. Sie vergaßen sogar den Termin, den Bernie für die Bürgerversammlung im Gemeindehaus angesetzt hatte, Thema: Bekämpfung der Prostitution. Niemand kam, außer Bernie und ein paar älteren Landfrauen. Bernies Glatze sah mittlerweise aus wie mit einer silbrigen Membran überzogen. Stellenweise hatte die Haut feine Risse bekommen, unter denen es rot und blutig pulsierte.

Das schlimmste war, daß die hygienischen Zustände in der Molkerei unter der Fahrigkeit der Männer zu leiden begannen. Schmierkäse setzte sich in den Fugen des Fliesenbodens fest, vergessene Kefirbecher explodierten, und die Milch flockte ohnehin aus, noch bevor sie angeliefert wurde: Die Moschusausdünstungen der Milchfahrer machte sie schon auf der Landstraße sauer.

Aus der Molkerei stank es wie nie zuvor.

Imi verbrachte ganze Tage in der Badewanne, mit zusammengerollten feuchten Handtüchern vor den Fensterritzen. Vater drohte, sie rauszuschmeißen.

Auch der Geruch, der vom Nachbarhaus ausging, schien stärker zu werden, schärfer und süßer. Es roch ein bißchen nach Ammoniak, als ob dort irgend etwas reifte. Einer, der sich am Rand des Dorfs ein altes Bauernhaus renoviert hatte und aus der Stadt hergezogen war, meinte, es röche wie die schwarzen Trüffel aus dem Périgord.

Manchmal kam es mir vor, als hätte sich der Dunstkreis des Nachbarhauses auf unser Haus ausgedehnt. Morgens ging ich mit unserem Geruch in der Nase aus dem Haus, lief am Haus der leichten Mädchen vorbei und merkte, daß der Geruch dort genau derselbe war.

Imi stand weiter jede Nacht am Fenster, berichtete, wen sie sah, wer neu war und wen sie schon kannte, wer jede Nacht kam und wer sich nicht traute. Sie zählte die vorgefahrenen Autos, die Stunden, die jeder Gast bei den leichten Mädchen verbracht hatte, und die Zigaretten der wartenden Chauffeure. Ich blieb bei ihr, bis ich müde wurde und fast im Stehen einschlief. Imi wurde nie müde.

Immer in der Nacht von Sonntag auf Montag kam der Zigeuner. Und jede Woche hatte er ein anderes Auto. Wenn er ausgestiegen war, blieb er am Gartentor stehen und zog eine kleine Feile aus einem Etui, das an einer Goldkette um seinen Hals hing. Dann begann er, seine langen Fingernägel zu feilen. Manchmal hob er zwischendurch den Kopf und grinste in unsere Richtung, und es war schwer zu sagen, ob er uns sehen konnte, oder ob er nur in den dunklen Fensterscheiben sein Spiegelbild betrachtete.

In der Nacht, bevor Imi umgezogen war, war zum ersten Mal ein Mann zu Fuß gekommen, ohne Auto und ohne Chauffeur. Er hatte vorsichtig und etwas ungeschickt das Gartentor aufgeklinkt, war neben dem Kiesweg gegangen, um kein Geräusch zu machen, und hatte dann mit dem Fingerknöchel verstohlen an die geöffnete Tür geklopft. Das größte und stärkste der leichten Mädchen, die Indianerin mit der geweiteten Unterlippe, war zur Tür gekommen und hatte gelächelt. Dann hatte sie Bernie einfach auf ihre unglaublich starken Arme genommen und war mit ihm wie mit einem Säugling an der Brust im Haus verschwunden.

Seit Imi nach nebenan gezogen ist, kann sie baden, so lange sie will. Der rosafarbene Whirlpool hat drei verschiedene Sprudelfunktionen, und jeden Montag bringt der Zigeuner einen neuen Badezusatz aus der Stadt mit. »Viel baden und morgens und abends den Mund mit Shalimar spülen«, sagt Imi, »und du riechst die Milch gar nicht mehr.« Wenn ich aus der Schule komme, steht Imi am Badezimmerfenster und winkt, und ich freue mich, meine Schwester so glücklich zu sehen.

Vorstadtdämonen

Die Frucht vom Baum der Erkenntnis ist eine aufgeplatzte Guave auf einem Markt in Jerusalem. In Jerusalem wohnte ich mit einer krebskranken Katze in einem Viertel mit zwei Namen. Deutsche Kolonie heißt es nach kürzlich Verstorbenen, deren Zeit man in Jahrzehnten mißt, nach den Totengeistern der Jahrtausende aber Emek Refaim, Tal der Dämonen.

Das Tal der Dämonen ist mit Asphalt und weißem Stein ausgekleidet. Es liegt im Süden der Stadt, zwischen dem Naturkundemuseum und dem Hinnomtal, nach dem die Hölle benannt ist, und die Straße, die in seiner Sohle fließt, ist ein schmutziges Rinnsal, das nur am Sabbat austrocknet. Am Sabbat ist es ruhig im Tal der Dämonen. Am Sabbat donnern die Busse nicht hinunter zu den Hügeln von Talpiyot. Dann legt sich der Staub, und die Leute gehen einfach über die Straße wie durch das Rote Meer, sie gehen in Schwarz und Weiß und ohne Gepäck, denn Tragen ist verboten, und sie gehen mit nichts als ihrer Familie. Sich in den Straßen dieser Stadt zu bewegen ist schon immer eine Wüstenwanderung gewesen.

In Jerusalem hütete ich das Haus eines alten Mannes, und die Katze, die ich in seiner Abwesenheit füttern sollte, war eine alte Siamesin, die nichts mehr bei sich behalten konnte.

»Nur Gänsehälse, merk dir das, mein Lieber!« sagte der alte Mann. Am letzten Tag vor seiner Reise nach Deutschland nahm er mich mit auf den Markt und zeigte mir, wo ich Gänsehälse für die Katze kaufen konnte. Der alte Mann hatte nur einen Arm, sein rechter Ärmel steckte nach Art der Einarmigen im Gürtel, und so war ich es, der den blauen Plastikbeutel voll kleiner weißer Schläuche durch das Gewühl nach Hause tragen mußte. Ich lief dem Mann hinterher wie ein Knappe seinem verwundeten Ritter. Zu Hause zeichnete der alte Mann mit der linken Hand eine Skizze auf ein Blatt Papier, damit ich den Geflügelstand auch wiederfände. »Nur zur Sicherheit«, sagte er. »Was heißt Gänsehälse auf Hebräisch?« fragte er dann, »lernt ihr das auch an der Uni?« Er schrieb das Wort oben auf den Zettel, zur Sicherheit. Später zeigte er mir, wie ich die Gänsehälse in einer mit Wasser aufgegossenen Mehlschwitze auszukochen hatte, bis sich die Haut von den Wirbeln löste, und wie die blanken Knöchelchen dann aus der Brühe gefischt werden mußten. Die Knöchelchen wurden hinter das Haus geworfen, damit sich die Streunerkatzen davon holen konnten, und die Brühe mit den Hautfetzen kam in den Napf der alten Siamkatze, die Muschmusch hieß. Die Katze rührte die Brühe zwar an, aber dann kotzte sie. Ich fragte mich, was es Schlimmeres für eine Katze geben könnte.

»Noch was«, sagte der alte Mann. »Jedesmal, wenn ich von einer Reise komme, ist diese Katze trächtig. Die Leute, die das Haus bisher gehütet haben, sind alle unzuverlässig gewesen. Du studierst Religion, du hast hoffentlich eine Moral.«

»Was soll ich tun?« fragte ich. Ich wußte nicht, wie man über die Tugend einer alten deutschen Emigrantenkatze wachte.

»Noch eine Schwangerschaft würde die Katze umbringen«, sagte der alte Mann, »sie hat Krebs. Und wenn ich wiederkomme und die Katze ist trächtig oder tot, dann bringe ich dich um!« Wenn der alte Mann grinste, wurde seine graue Zunge gerade noch am Vorfallen gehindert von den beiden Zahnprothesen, die auf seinem Kiefer saßen wie Spangen aus antikem Elfenbein.

»Ein Witz!« sagte er. »Du gibst ihr alle zwei Tage eine halbe von diesen.« Er zog die Küchentischschublade auf und zeigte mir eine Packung mit rosafarbenen Tabletten: *Diane 35*.

»Was ist denn das?« fragte ich.

»Die Pille«, sagte der alte Mann.

»Für Katzen?« fragte ich.

»Deswegen nur eine halbe alle zwei Tage«, sagte er. »Eine Katze ist ja so viel kleiner als eine Frau. Und nur ein Viertel so geil.«

Jerusalem ist eine Stadt, ummauert wie der Garten Eden nach der Vertreibung, bewacht von einer blaugrünen Erzengelmiliz. Die Flüsse, die den Garten Eden durchziehen, sind Pischon, Gichon, Chidekel und Euphrat, und von ihnen wird berichtet. Die Bäche, die durch Jerusalem rieseln, sind so gut wie vergessen. Jerusalem ist eine Stadt, die sich am liebsten ihrer Zisternen erinnert, der reinen und vergifteten, der beliebten und verlassenen, der unerschöpflichen und ausgetrockneten, eroberten und verlorenen. An ihre Bäche denkt sie ungern, und richtige Flüsse gibt es nicht. Am finsteren Bach Kidron im Tal Jehoschafat werden einmal die Lebenden und die Toten gerichtet werden, doch bis dahin zählt er nicht mehr als die gelbe Pisse eines Arabers, die in den Rinnstein fließt. Es liegt an der Abwesenheit von Wasser, das sich an einem festen Ort durch die Zeiten bewegt, daß das Zeitgefühl in Jerusalem miserabel ist. Und während in Städten mit Flüssen Zeit in der Regel zuverlässig gemessen wird, war sie in Jerusalem schon immer Spekulation, Sterndeuterei und Politik.

Zu einer irgendwie zusammengereimten Zeit brach mein erster Jerusalemer Sabbat über mich herein, ohne Dämmerung und Vorwarnung, begleitet von den Flüchen derer, denen der Termin vorher bekannt gewesen war, auf die, die davon nichts gewußt hatten, und umgekehrt. Doch selbst die Nacht schien sich nach Jerusalemer Zeitentscheidungen zu richten. Ein paar Sterne erschienen, die Straßen leerten sich, und die Stadt empfing den Sabbat mit offenen Armen und geschlossenen Geschäften. Ich lief vorbei an den verrammelten Supermärkten mit ihrem eingesperrten Schokoladengeruch, den letzten ausdampfenden Pizzas in den Pizzabuden, nach Hause ins Tal der Dämonen, begleitet von den Empfängnisgesängen aus den Synagogen und einem dunklen vorisraelitischen Murmeln aus den Mauerfugen. Ich lief zu meiner mit Verhütungmitteln vollgepumpten Katze, die mich willkommen hieß in Schmerz und Gleichgültigkeit. Einmal hatte ich Muschmusch an den Bauch gefaßt und ihn aufgetrieben gefunden vom Krebs, der schon in Trauben von ihren Lenden hing, und Muschmusch hatte mir in die Hand gebissen. Sie vermißte den alten Mann und die Qualen, die er ihr zufügte, wie es Tiere von alten Leuten eben tun, und das ganze Haus hatte ihn gleich zu der Stunde angefangen zu vermissen, da der alte Mann weggefahren war. Abflüsse verstopften, Türen quietschten, die arabischen Bodenfliesen zersprangen, wenn ich nur eine Gabel fallen ließ, und Ameisenstraßen kreuzten sich an Muschmuschs Napf. Der Feigenbaum hinter dem Haus steinigte meinen Rücken mit unreifen Früchten, als ich mit meinen ersten ausgekochten Gänsehälsen hinter das Haus lief. An der Gartenmauer häuften sich weiße Knochen zu einem Golgatha der Hälse, das in der Sonne dampfte, und ich schüttete die neuen Knöchelchen auf die alten und wartete, daß die Streunerkatzen vorbeikämen. Es roch nach Verwesung. Ein räudiger roter Kater kam und legte sich in den Schatten unter einem Rosenbusch, aber die Gänsehälse beachtete er nicht.

Um meinen Computer auf dem Küchentisch hatte ich einen Wall aus Büchern gebaut, in dessen Ritzen Leihscheine und Notizzettel steckten wie Papierchen in der Klagemauer. Die meisten der Bücher hatte ich noch nicht angerührt. Ein paar hatte ich gelesen, aber welche, das wußte ich nicht mehr. Meine Magisterarbeit war inzwischen einige Sätze lang, und ab und zu setzte ich mich hin und schrieb einen neuen dazu, aber wenn ich ihn später noch einmal las, verstand ich ihn nicht mehr. Von der Hitze und dem Gestank der Gänsehälse wurde mir immer wieder schwarz vor Augen. Seit Tagen war der alte Mann fort. Er war im Land des schlechten Gewissens, wo es sommerregnete, und ich tat nichts weiter, als Eiswürfel zu lutschen, Suppe zu kochen, ägyptische Fernsehserien zu schauen, Pistazien zu knacken und neue Ordner in meinem Computer zu eröffnen, denen ich immer wieder neue Namen gab. Inzwischen war es dringend nötig geworden, der Katze ihre Pille zu geben. Am Sabbatabend zog ich die Küchentischschublade auf und holte die *Diane*-Packung heraus. Ich drückte eine rosafarbene Tablette auf einen Teller. Mit dem Obstmesser teilte ich sie in zwei Hälften, und mit dem Teller kniete ich mich neben Muschmusch, die vor dem Fernseher lag, auf der Seite, mit pulsierendem Bauch wie ein zu Schanden gerittener Gaul. Ich versuchte, ihr die halbe Tablette ins Maul zu schieben. Muschmusch verkantete die wenigen

Zähne, die sie noch hatte. Ich schob Daumen und Mittelfinger links und rechts zwischen ihre kalten Schleimhäute, aber Muschmuschs Kiefer lösten sich nicht.

Es klingelte an der Tür, zum ersten Mal seit zwei Tagen, und ich ließ Muschmusch los und wischte mir die Katzenspucke am Teppich von den Fingern.

Vor der Tür stand ein Mädchen mit dunklen Haaren und einem Geigenkoffer. Es lief gleich an mir vorbei ins Wohnzimmer.

»Wo ist Fritz?« fragte es ins Zimmer hinein, ohne sich nach mir umzudrehen. Der Rock des Mädchens ging gerade bis zum Knie, und ich konnte Waden sehen, die hell waren, glatt und kühl, und die mit der Hitze nichts zu tun zu haben schienen. Das Mädchen stellte den Geigenkoffer ab und drehte sich um. »Ist doch Freitagabend« fragte es, »oder was machen die da draußen für ein Theater?«

»Fritz ist in Deutschland«, sagte ich.

Das Mädchen schüttelte den Kopf. »Bist du das Fagott?«

»Nein«, sagte ich, »ich bin Student.«

»Okay«, sagte das Mädchen, »dann bin ich mal wieder die einzige, der niemand was gesagt hat.« Es hob den Geigenkoffer auf und lief zurück zur Tür. »Ganz schön dreckig hier!« Mit der Fußspitze schlug es eine Ecke des Teppichs um und ließ sie dann so heftig wieder auf den Boden klatschen, daß die Pistazienschalen hüpften. Die Zehennägel des Mädchens waren hellblau lackiert. »Sss, Muschmusch!« machte es, bevor es ging, und die Katze hob zum ersten Mal den Kopf.

In den Bougainvilleen auf den Mauern der Deutschen Kolonie saßen die Dämonen und spannten Fäden von einer Seite der Straße zur anderen. Die Straßenbeleuchtung war schlecht. Ich stolperte hinter dem Mädchen her, und das

Mädchen lief schnell, seine matten dunklen Locken lösten sich in der Finsternis auf, und ich sah nichts als weiße Beine, von den Füßen bis zum Knie, und ein Aufblitzen von Geigenkastenschlössern.

»Soll ich dir einen Tee machen?« rief ich dem Mädchen nach.

Das Mädchen blieb stehen und drehte mir das Gesicht zu. »Deswegen zurückkommen?« fragte es.

»Du kannst mir helfen, der Katze ihre Pille zu geben«, sagte ich.

»Bei so was mache ich nicht mit!«

Der rote Streunerkater sprang aus dem tiefsten Mauerschatten und streifte mein Bein, und sein Fell war elektrisch von all dem fremden Leben darin.

Das jüngste Gericht findet statt in den Außenbezirken der Welt, und die Hölle hat ihren Platz in einer südlichen Vorstadt Jerusalems.

Am Sabbatmorgen hätte man im heißen Straßenstaub von Emek Refaim Kuchen backen können, wäre das Backen am Sabbat erlaubt gewesen. Die Schwarzen und Weißen waren wieder auf dem Weg in die Synagogen, obwohl man sie am Abend vorher gar nicht hatte heimgehen sehen, und ihre Gesänge mußten nicht einmal neu angestimmt werden. Sie wurden einfach wieder lauter, und mit ihnen erhob sich das heisere jebusitische Gebrabbel der Dämonen, die sich in den gegen Mittag kleiner und schärfer werdenden Schatten zusammenhockten.

Der alte Mann bekam nur Briefe in steiler deutscher Keilschrift, das sah ich, als mir endlich einfiel, den Briefkasten zu leeren. Ich ordnete die Briefe nach Größe und legte sie dem alten Mann auf den Nachttisch.

Mein Mädchen mit dem Geigenkasten war am Freitagabend nicht wieder zurückgekommen. Allein mit Muschmusch, die vor dem Fernseher litt, hatte es mir leid getan, daß es nicht noch einen Tee mit mir getrunken hatte. Aber was für ein düsteres und schlechtgelauntes Mädchen war das gewesen, eine Studentin wahrscheinlich, die noch einen langen Weg durch die Dunkelheit vor sich gehabt hatte, in irgendein Studentenheim auf dem Scopusberg, ohne Tee und mit einer Geige, die nicht ausgepackt worden war. Jetzt stellte ich mir vor, wie sie im Wohnzimmer die Geige aus dem Kasten genommen hätte, wie sie ein Tuch darübergelegt, die Geige unters Kinn geklemmt und gestimmt hätte. Wie und was sie gespielt hätte, stellte ich mir nicht vor, denn letztlich kommt es bei Mädchen ja nicht darauf an, wie sie die Instrumente spielen, sondern wie und wo sie sie halten.

Ich setzte mich auf das Sofa im Wohnzimmer, um die Mauer von Büchern in der Küche nicht mehr sehen zu müssen, den Computer in seinem Ruhezustand. Ich wollte an das Mädchen mit den Locken einer Hethiterkönigin denken und die Geigen des alten Mannes anschauen, die in einer Vitrine über dem Sofa hingen. Spielen würde der alte Mann sie nicht mehr können, denn er hatte ja nur noch einen Arm.

Als es klingelte, sprang ich vom Sofa und rannte zur Tür, aber diesmal stand dort eine Araberin, nicht älter als zwanzig, mit Zahnlücken, Aprikosenaugen und einem Korb matschiger Guaven. Frauen und Mädchen und besonders Witwen und Waisen lieben Guaven, ihr Geruch ist dumpf und frisch zugleich, sie sind weder Apfel noch Birne noch Pfirsich, und sie können weich sein wie Marzipan. Vom Abbeißen bis zum Schlucken wandelt sich ihr Geschmack dreimal, an den Zähnen, am Gaumen und im Hals, und von ihrem Zwitterfleisch wird einem Mann übel. Die Araberin hielt mir die Guaven hin und zeigte mit den Fingern, wieviel sie kosten sollten. Ich schüttelte den Kopf.

»Fritz?« fragte sie. Sie versuchte, über meine Schulter hinweg ins Haus zu schauen. Ich schüttelte wieder den Kopf. Da spuckte sie mir ihre braune Spucke vor die Füße und verschwand im nächsten Hauseingang wie eine Schlange in einer Mauerritze. Die Dämonen des Tals klatschten Beifall. Wie die Mädchen und die Schlangen machten auch sie es mit mir: Sie zischten und spuckten und drückten sich in die nächste Ecke.

Anstatt die Bücher zu lesen, die in der Küche lagen, fuhr ich in die Bibliothek und holte neue. Ich ließ Muschmusch allein mit den Ameisen und den Kakerlaken, die, seit der alte Mann fort war, das Licht nicht mehr scheuten, ich stellte mich an die Straße und wartete auf den Bus. Der Bus war rot. Außen glühte das Blech, und innen roch es aus der Klimaanlage nach kalter Zuckerwatte. Über den Asphalt, den man vor Jahrzehnten in die uralten Fußspuren der Dämonen gegossen hatte, fuhr der Bus hinaus aus dem Tal, hinaus aus Emek Refaim, vorbei an der Feste, die einmal das alte Jebus gewesen war, hinauf in die neue Stadt. Ein anderer Bus nahm mich mit zur Universität auf dem Mount Scopus. An der Endstation stieg ich aus, in einem unterirdischen Busbahnhof, in dessen grauen Beton Muster wie mit einem Messer geschnitzt waren. Ich lief hinter den Studenten her, hinter ihren Taschen und Ordnern, ich hatte einen befristeten Bibliotheksausweis, aber keine Tasche, keinen Ordner, ich folgte ihnen einfach als ein Gast, der zum Arbeiten gekommen war und sich ein paar Bücher über Religion ausleihen ging. In der Bibliothek stieg ich mit ein paar Studentinnen in einen klimatisierten Fahrstuhl. Der Fahrstuhl zeigte uns in jedem Stockwerk eine andere große farbige Nummer, und ich fuhr weit hinauf zur Religion. Ich zitterte vor Kälte unter der Klimaanlage, aber die Studentinnen trugen, ohne zu frieren, Spaghettiträger, kühles Blau unter den Brauen und Frost auf den Fußnägeln. Mit den Studentinnen fuhr ich, so weit ich konnte, und schließlich stieg ich irgendwo mit ihnen aus. Es war das falsche Stockwerk, die falsche Abteilung, aber es war so viel besser, unter Mädchen zu sein als den ganzen Tag unter Dämonen, Katzen und Kakerlaken.

Das Mädchen mit der Geige hier zu treffen überraschte mich nicht. Die Geige hatte es nicht dabei, dafür einen Ordner unter dem Arm, den Passierschein eines ordentlichen Studenten.

»Bist du neulich gut nach Hause gekommen?« fragte ich.

»Am Sabbat? Blöde Frage!« schimpfte das Mädchen. Es hatte etwas in seine Locken gerieben, damit sie glänzten. Ich wußte aber, daß ihr Haar eigentlich von einer archaischen Mattheit war, die das Auge trübte.

»Ich möchte dich gern zu mir einladen«, sagte ich.

»Laß mich mit der Katze in Ruhe«, sagte das Mädchen. »Wenn ich das Haus hüte, werfe ich die Pillen immer sofort ins Klo.«

»Wenn er wiederkommt, und sie ist trächtig, bringt er mich um«, sagte ich.

»Diese Scheißhormone bringen die Katze um!« Das Mädchen wollte in den Fahrstuhl steigen, mit dem ich gerade gekommen war.

»Ich möchte dich auf einen Tee zu mir nach Hause einladen«, sagte ich.

Das Mädchen nahm, wie alle Studentinnen, die zu etwas eingeladen werden, ihren Ordner wie einen Schild vor die Brust.

»Es ist nicht dein Zuhause, aber okay«, sagte es, »ich komme vorbei und mache ein bißchen sauber, für Fritz und für die Katze.«

In Erwartung des Mädchens wollte ich selbst putzen, aber solange die Arbeit am Computer und die Bücher auf dem Küchentisch auf mich warteten, konnte ich mir das kaum erlauben. Zum Arbeiten kam ich trotzdem nicht. Morgens stand ich auf und kochte Kaffee für mich und Gänsehälse für Muschmusch, und danach hatte mich der Leichengeruch für den Rest des Tages so betäubt, daß ich mich auf nichts konzentrieren konnte. Der Geruch hing über den Töpfen, er hing im Haus und sammelte sich in den Lamellen der grünen Fensterläden, und die Beduinenteppiche sogen ihn auf wie das, was Muschmusch täglich auswürgte. Wenn ich dann in den Garten floh und Muschmusch mir nachgeschlichen kam, den Krebs hinter sich herziehend wie eine schwere Ernte, empfing uns dort der Fäulnisgestank des Haufens an der Mauer. Jeden Tag würfelte ich neue Knochen hinzu, aber die Streunerkatzen machten einen großen Bogen darum und verhungerten lieber, als davon zu fressen. Dem Haufen am nächsten kam der rote Kater, wenn er unter dem Rosenbusch lag. Den ganzen Tag lag er dort und starrte mit entzündeten Augen auf Muschmusch am Feigenbaum, und Muschmusch hatte die Zunge immer an ihrem geschwollenen Bauch.

In der Schlucht Hinnom, zwischen der Deutschen Kolonie, die auch Emek Refaim genannt wird, und dem arabischen Viertel Silwan, liegt der geographische Ort der Hölle. Die Art der Vergeltung ändert sich, aber der Ort der Vergeltung bleibt. Auf den festgetretenen Kinderknochen neben der Eisenbahnlinie im Hinnomtal, wo man vor Jahrtausenden dem Moloch opferte, wachsen Agaven und Aloen, und hierhin werfen die arabischen Hütejungen ihre leeren Colabüchsen, wenn sie die Ziegen durch das Tal geprügelt haben. Sie haben keine Angst vor einer unbenutzten Gehenna und einer Bestrafung ohne festen Termin. Jerusalemer Strafen sind streng, aber im Moment ihrer Vollstreckung schon wieder überholt. Heute ist Strafe ein ungelesenes Buch, dessen Ausleihfrist abgelaufen ist, ein leeres Textdokument in einem Computer und die Einsamkeit vor dem Fernseher. Aber schon morgen werden die Höllenstrafen von heute verworfen sein.

Ich hatte herausgefunden, was ich tun mußte, damit Muschmusch ihre Pille schluckte: Wenn ich mit zwei Fingern rechts und links auf ihre Kiefergelenke drückte, mußte sie das Maul aufsperren. Ich legte eine halbe Tablette auf Muschmuschs Zunge und hielt ihr die Schnauze zu, bis sie sie heruntergewürgt hatte. Als der alte Mann aus Deutschland anrief, im Hintergrund ein Hauskonzert, erzählte ich ihm von meiner neuen Methode, und er lachte und hustete Brocken in die Sprechmuschel und sagte: »Genauso habe ich es dir doch erklärt!« Aber daran konnte ich mich nicht mehr erinnern.

»Kann man die Katze nicht sterilisieren lassen?« fragte ich.

»Ich liefere diese Katze nicht ans Messer«, sagte der alte Mann und wollte auflegen.

»Wie läuft's denn sonst so?« fragte ich schnell.

»Sie machen das gut mit der Wiedergutmachung«, sagte der alte Mann, »hör mal!« Aus dem Hörer wehte der warme Föhn von Mozarts Streichquintetten.

»Ich hoffe für dich, daß die Katze okay ist«, sagte der alte Mann und legte auf.

Im Haus fehlten Mädchen und Musik. Beides gab es nebenan: ein Mädchen, das den ganzen Tag laut Musik hörte. Es ging noch zur Schule, es hatte einen spitzen Busen und eine Zahnspange, mit der es seinen Kaugummi vorsichtig kauen mußte, und es trug immer zwei Trägerhemden von verschiedener Farbe übereinander. Wenn ich im Garten unter dem Feigenbaum saß, konnte ich das Mädchen sehen und hören, und wenn es in seinem Zimmer auf und ab lief, schwarzes Haar in einem Knoten hinter weißgestrichenem Fenstergitter, gab es ein Flimmern. Manchmal kam es in den Nachbargarten, wo alles nur in Kübeln wachsen durfte. Dann rauchte es heimlich eine Zigarette. Bruder und Vater durften es nicht dabei erwischen. Das Mädchen hielt sich an die niedrige Mauer, über die die Zweige des Feigenbaums hingen, denn dahinter konnte es sich gut verstecken, und jedesmal versuchte es, Muschmusch zu locken, die zwischen den Wurzeln des Feigenbaums lag und ihre Schmerzen veratmete. Das Mädchen verstand nicht, wenn ich ihm Muschmuschs glänzende Geschwüre und das Pumpen in ihrem Bauch zeigte. Es war unzufrieden, daß immer nur der rote Kater auf sein Locken hin kam. Wenn der Kater Anlauf nahm und auf die Mauer sprang, stampfte das Mädchen mit dem Fuß und klatschte in die Hände und jagte ihn hinunter, weil er Flöhe hatte und dicke Hoden und weil er überall hinspritzte. »Fritz?« fragte das Mädchen. Ich sagte das hebräische Wort für Deutschland. Das Mädchen nickte und drückte seine Zigarette in einem Blumenkübel aus, und obwohl es sich dabei vorbeugte, veränderten die braunen, harten Brüste unter den Trägerhemden weder Form noch Lage. Ich ging zurück ins Haus und wartete auf das Mädchen mit der Geige, das versprochen hatte, zum Putzen zu kommen.

Aus Angst, das Mädchen mit der Geige zu verpassen, ging ich nur mehr nach Mitternacht aus dem Haus, wenn es unwahrscheinlich geworden war, daß das Mädchen noch käme. Ich lernte die Straßen von Emek Refaim in der Nacht. Ich lernte, ihre Fallstricke zu meiden, und ich sah die Schwächen der Geister. Die Dämonen des Tals hatten die phönizische Angewohnheit, in die Sterne zu gucken. Dann vergaßen sie alle Vorsicht beim Überqueren der Straßen, und wenn sie überfahren wurden, gab es einen Fluch.

Ich hatte aufgehört, in den Supermarkt zu gehen und einzukaufen. Ich aß aus Tüten und Schachteln, die sich in den Küchenschränken stapelten, und für Muschmusch waren ja Gänsehälse genug im Haus, sie lagen in blauen Beuteln im Tiefkühlfach, sie schwammen im Topf auf dem Herd, und ihre Skelette bleichten draußen in der levantinischen Sonne.

Die Schlange ist das klügste aller Tiere. Ihr Kopf ist höher als die Höhen der Erde, und ihr Schwanz reicht hinab in die Tiefen der Hölle, so wird berichtet. Die Enden ihres Leibes berühren sich wie die Wurzeln des Baumes des Lebens und des Baumes der Erkenntnis, die einmal in der Erde zusammengewachsen waren, und die Feindschaft, die seit Evas Tagen zwischen ihr und der Frau besteht, ist eine Feindschaft von Schwestern.

»Wie sieht das denn hier aus?« rief das Mädchen, das tatsächlich eines Tages gekommen war, allerdings ohne seine Geige. »Das schöne Haus läßt du vergammeln!«

Ich schämte mich, daß ich nicht aufgeräumt hatte, ohne deshalb auch nur eine Zeile mehr gelesen oder geschrieben zu haben. Das Mädchen war entsetzt über den Schmutz und den Geruch. Aber es war gekommen. Es holte einen Eimer aus dem Besenschrank, stellte ihn in den Spülstein und drehte den Hahn auf. Während das Wasser in den

Eimer lief, band sich das Mädchen die Haare auf dem höchsten Punkt des Hinterkopfes zusammen, und ich beobachtete es genau beim Hinundherwerfen des Kopfes, beim Festziehen des Gummibandes, beim Glattstreichen. Die hellen Beine hatte ich mir schon eingeprägt und die Füße. Diesmal trug das Mädchen schwarze Badeschläppchen aus Plastik, die es beim Gehen mit den Zehen hielt. »Dann los!« sagte es. Zusammen faßten wir die Enden des Teppichs und schafften ihn hinaus in den Garten. Wir schlugen ihn ein paarmal gegen den Feigenbaum, daß es staubte, und hingen ihn dann zum Auslüften über einen Ast. Muschmuschs Schwanzspitze zitterte wie die einer jungen Katze.

»Dieser Gestank ist einfach widerlich!« sagte das Mädchen und zeigte auf den Knochenhügel an der Gartenmauer. Es mußte sich den Staub aus dem Gesicht und vom Hals wischen. Dann befeuchtete es zwei Finger und fuhr damit unter dem T-Shirt-Rand entlang, um zu fühlen, ob sich auch dort etwas abgesetzt hatte.

Als das Mädchen zurück ins Haus ging, folgte ich ihm. Auch Muschmusch erhob sich von ihrem Platz unter dem Feigenbaum und unter den Blicken des roten Streunerkaters und ging dem Mädchen nach, sie lief zwischen seinen Beinen hindurch, als wolle sie daran ihre Geschwüre abstreifen, die an ihren Schenkeln klebten wie Blütenstaub an den Hinterbeinen einer Hummel.

»Arme Katze!« sagte das Mädchen und sah mich an.

Das Mädchen fing an, den Boden zu wischen, und jetzt schwitzte es ein bißchen. Nasse schwarze Flusen sammelten sich an seinen Fingern, wenn es den Putzlappen über dem Eimer auswrang, die Sehnen in den bläulichen Kniekehlen glänzten und spannten sich, wenn es sich beim Wischen bückte, und allmählich bekam es rote Fersen und Ohren. Unter den Armen wurde das T-Shirt dunkler. »Hilf mir mal!«

sagte das Mädchen alle fünf Minuten, und ich vergaß zum ersten Mal fast den Verwesungsgestank, weil ich helfen und den Schweiß des Mädchens riechen und erkennen wollte. Ich brachte den Besen, hielt den Müllsack auf, schüttete das Wischwasser in die Badewanne und suchte einen anderen Sender im Radio. Muschmusch sah sich alles vom Küchentisch aus an, und es war das erste Mal, daß ich sie auf etwas hatte springen sehen. Als das Mädchen in den Kühlschrank schaute und direkt in die erschrockenen Augen einer Kakerlake, nahm es alles, was im Kühlschrank war, und warf es in den Müll. »Hast du denn gar nichts Frisches im Haus?« fragte es. Es öffnete die Tür vom Gefrierfach und schmiß die Plastikbeutel mit den hartgefrorenen Gänsehälsen weg.

»Muschmusch frißt aber nichts anderes«, sagte ich.

»Gibt es denn was anderes?« fragte das Mädchen. »Wir sind hier wohl im KZ!«

Das Mädchen war mit dem Putzen fertig, und mein zweiter Jerusalemer Sabbat begann. Draußen fuhren die Autos schnell und wie auf Watte hinunter zu den rettenden Parkplätzen von Talpiyot. Am Fenster, das auf die Straße hinausging, kreiselten kleine Mädchen in weißen Röcken vorbei, und kleine Jungen durchschossen die Mädchengruppen wie samtschwarze Pfeile. Die Zeit der befohlenen Dämmerung war angebrochen. Unter den Türschwellen und in den Schlaglöchern räusperten sich die Dämonen und säuberten ihre uralten staubigen Kehlen. Und über den weißen Dächern stand das Sternbild der Kassiopeia.

»Wie heißt du?« fragte ich das Mädchen, das die nackten Füße auf den Küchentisch gelegt hatte und rauchte.

»Anja«, sagte das Mädchen.

Wir hatten nichts mehr zu essen im Haus. Dafür lagen Kakerlakenfallen in den Ecken und Mottenfallen auf dem

Schrank, und über dem Wasserhahn hing ordentlich ausgewaschen das Schwammtuch. Wir gingen ins Wohnzimmer, machten den Fernseher an und sahen eine deutsche Samstagabendshow über Satellit. Muschmusch legte sich wie immer vor den Fernseher und leckte ihren Krebs. Ich erinnerte mich an die Pistazien. Diesmal stellte ich sie in einer Schale auf den Tisch. Wir knackten Pistazien mit den Zähnen, und die Schalen legten wir auf eine ausgebreitete Papierserviette. Das Mädchen Anja hatte starke Schneidezähne mit einer fast orientalischen Lücke dazwischen. Es hatte das Gummiband aus seinem Zopf gezogen, und schlaff und dunkel lag das Haar auf seinen Schultern. Anja sah müde aus.

»Ich komme jeden Freitag zum Spielen«, sagte Anja, bevor ich sie berühren konnte. »Ganz früher hat es Fritz ja auch noch gekonnt.« Sie zeigte auf die Geigen in der Vitrine über dem Sofa, Geigen aus hellem Holz, aus Buchen und aus Birken, deutsche Geigen, wie sie in Deutschland gespielt und in Polen gestohlen worden waren, gegen Mitte des Jahrhunderts. »Ich habe auch mal dieses Haus und diese Katze gehütet«, sagte Anja.

»Übrigens müssen wir der Katze ihre Pille geben«, sagte ich.

Anja stand auf und ging in die Küche. Ich hörte sie die Küchentischschublade aufziehen. Mit leeren Händen kam sie zurück.

»Was hast du gemacht?« fragte ich.

»Die Pillen ins Klo geschmissen.«

»Fritz bringt mich um«, sagte ich.

»Ist er Gott?« fragte Anja. »Die Katze ist sowieso schon wieder trächtig.«

»Schwachsinn!« sagte ich.

»Guck dir doch ihren Bauch an!« Anja zeigte mit der Zigarette auf Muschmusch, die den Kopf auf den Boden gelegt und sich dem Wachsen und Ziehen in ihrem Bauch hingegeben hatte, dem Krebs, der sie mit fremden Atemstößen aufblies.

»Das ist nur der Krebs«, sagte ich.

Anja zog mich vom Sofa und drückte mich neben Muschmusch in die Knie. »Fühl!« befahl sie und nahm meine Hand, und diesmal biß mich Muschmusch nicht, und unter meinen Fingern, unter dem Fell, unter der dünnen Haut und den geschwollenen Zitzen fühlte ich den Todeskampf und gleich daneben den Ringkampf von mehreren blinden Leben.

In den verkohlten Knöchelchen der geopferten Kinder wurzelten noch immer die Pflanzen des Hinnomtals, als die Knöchelchen im Garten des alten Mannes längst fort waren, weggespült, zum Tor hinausgesprengt mit dem Bewässerungschlauch, unter den Augen eines roten Katers, der sein Leben lang nichts anderes getan hatte, als mit Leben um sich zu spritzen, und unter den Augen einiger Vorstadtdämonen, die einem Viertel im Süden Jerusalems seinen Namen gegeben hatten.

Am Sonntag waren die Geschäfte wieder geöffnet. Anja und ich gingen auf den Markt. Ganze rote Lämmer hingen unter gestreiften Markisen, und aufgerissene Wassermelonen zeigten ihr rohes Fleisch. Überall roch es nach überreifen Guaven.

»Jetzt kaufen wir was Frisches für dich«, sagte Anja und fand es lustig, mir im Gehen Melonenkerne vor die Füße zu spucken, damit ich ausrutschte. Über der Schulter trug sie eine große Tasche, und am Ende kaufte sie Guaven, soviel nur hineinpaßten.

Fell und Federn

Als Tata von Polen nach Deutschland ging, um uns nachzuholen, war es aus mit dem Spielen und Schlachten. Wenn Tata ein Kaninchen schlachten wollte, sagte er: »Komm, wir spielen ein Spiel, das heißt Hieb und Stich.« Er haute dem Kaninchen auf den Kopf und schnitt ihm die Kehle durch, und mir, die ich neben dem Hauklotz saß, gab er zuerst den Kaninchenschwanz für meine Puppe. Ich zupfte die Fleischfetzen ab und legte den Schwanz meiner Puppe um den Hals, und so besaß meine Puppe zwar nur einen Hosenanzug und keine Schuhe, aber mehr Pelze als die Königin von England. Wenn das Kaninchen abgezogen am Apfelbaum neben dem Hauklotz hing, sah es frisch und rot aus wie eine Frucht.

Als Tata in Deutschland war, um uns nachzuholen, kam mit dem ersten Paket eine Barbie, die drei Paar Schuhe hatte, ein Ballkleid, einen Skianzug und einen Bikini. Ihre Beine konnte ich biegen und ihre Knie knacken lassen wie Kaninchenknochen, und sie war so neu, daß jedes Haar noch einzeln für sich stand.

Ohne Tata kam der Tod jetzt leise und selten in unsere Ställe, denn Mama war Vegetarierin. Vegetarierin wollte ich von nun an auch sein und das Beil endlich nicht mehr anrühren müssen, weil ich es doch war, die den Kaninchen und Gänsen ihre Namen gab, und erst zu taufen und dann zu töten war grausam. So taufte ich nur noch, häutete und begrub, und niemand war mehr da, der den Tieren mit den schönsten Namen den frühesten Tod bereitete.

Tata und meine Schwester Guga waren sich immer nur im Töten einig gewesen, Mama und ich nur im Kampf für das Leben. Als Guga fünf gewesen war und ich drei, hatten wir Ananda gehabt, eine Gans, die bei uns in der Küche wohnte. Ananda war genauso alt wie Guga, und so lieb wie Guga war sie mir allemal. Als Ananda mit Tata zum Hauklotz hinters Haus gehen und ein Spiel namens Schlag und Ader spielen sollte, warfen Mama und ich uns vor ihr über die Küchenschwelle. Aber Guga, die in ihrem Hochstühlchen saß, sagte zu Tata: »Bring sie um!«

»Warum?« fragte Tata. »Sie macht immer Zzz!« lispelte Guga. Ihre Augen trafen sich fast über der Nase. Für Guga gab es tausend Gründe, ein Tier zu töten, und Zischen war ein guter Grund. Schmutz war ein anderer, schlechtes Benehmen oder Beißen der beste. Doch als sie groß war und lesen konnte, hatte Guga Namenstage am allerliebsten. Jeden Tag sah sie in ihrem Heiligenkalender nach und ging petzen.

»Das ist die Regel«, sagte Guga über das Gänsegurgeln hinweg, als Tata zu Ehren des Heiligen Johannes Asia und Ania schlachtete, die ich beide Joanna getauft hatte, nach mir. Eigentlich war es Tata, der die Regeln aufstellte, und wir mußten nur versuchen, sie uns zu merken. Die Regel mit den Namenstagen hatte sich Guga zwar ganz allein ausgedacht, aber da sie Tata gefiel, galt sie bis auf weiteres. Ein Punkt für Guga. Aber es machte Tata rasend, daß Guga nur zuschaute und die Hände hinter dem Rücken verschränkt hielt.

»Pack mit an!« schrie er und versuchte, Asia in ihre Arme oder gegen ihren Bauch zu drücken. Guga trat einen Schritt zurück.

Beim Rupfen wollte sie nicht einmal zusehen, denn davon täten ihr die Haarbälge weh. Sie drehte sich um und ging davon. Asia und Ania lagen überbrüht und kopflos neben dem Hauklotz und zeigten mit ihren Hälsen wie mit Fingern auf Guga, aber Gugas breiter Rücken blieb hart und gerade wie die Hauswand. Bevor Guga um die Ecke bog, blieb sie noch einmal stehen und putzte sich die Schuhe ab. Dann ging sie weiter und pflügte mit den Schuhspitzen durch das Gras. Ich ließ Asias und Anias Blut auf den Spitzen meiner Schuhe langsam eintrocknen, setzte mich neben Tata und rupfte, bis mir die Arme weh taten.

Im Sommer, wenn die Wege schwarz waren von zertretenem Holunder, floß das Blut in Strömen hinter dem Haus, denn dann bekamen wir Besuch aus den Städten. Wenn die Leute samstags zu uns hinauskamen, war Mama gezwungen, ihre Finger eine Weile von der Schreibmaschine zu lassen, denn die Leute kamen extra mit dem Zug aus Kattowitz zu uns und sogar ganz aus Krakau. Die Kattowitzer mußten auf dem Bahnsteig erst einmal den Ruß aus ihren Haaren schütteln und die Krakauer den Kellergeruch aus ihren Kleidern, denn Kattowitz war dreckig und Krakau war alt, und wenn die Städter dann tief einatmeten, wurde ihnen schlecht von unserer sämigen schlesischen Luft, und sie mußten blinzeln, denn sie waren den Horizont nicht gewöhnt. Ihre Augen waren wie Kaninchenaugen, nichts als Pupillen. Sogar die dunkle Spätsommersonne, die von Tag zu Tag langsamer über den blassen Himmel schmierte, hinterließ Schlieren auf ihrer Netzhaut. Sie formten die Hände zu Scheuklappen und legten sie an die Schläfen, und so hielten sie Ausschau nach Tata, der vor dem Bahnhof auf sie wartete, und zu Hause wartete noch sehnlicher Guga, die Beine durch die Gitterstäbe des Gartentors gesteckt.

Guga war diejenige, die alle wichtigen unter unseren Besuchern erkannte. Sie war diejenige, die wußte, welchen Namen man flüstern und welchen man laut rufen mußte, bevor man dem Besucher aus der Stadt in die Arme sprang. Guga stieg vom Gartentor und schmiegte sich an die Sängerin Magdalena Kamińska. Ich stand an der Hausecke, die Ställe im Rücken, und schüttelte Kaninchendreck aus meiner Unterhose.

»Komm«, sagte Tata und hob mich hoch, »wir spielen ein Spiel, das heißt Kaninchenscheiße und ein Kuß.« Ich legte ihm die Arme um den Hals und klammerte mich fest. Tatas Gesicht lag in meiner Halsbeuge, und meine Beine waren so lang, daß ich sie fast zweimal um Tatas Hüften wickeln konnte. Tata küßte mich. Er ließ mich einen Moment lang frei an seinem Hals schweben und klatschte mir mit beiden Händen auf den Hintern.

»Spitz wie ein Hühnerarsch«, sagte er und pustete abwechselnd auf seine Handflächen.

Die Gäste aus der Stadt saßen schon an den Tischen, die Mama in den Garten geschleppt und unter einem Tischtuch zusammengerückt hatte, und Tata trug mich fort von den Ställen und stellte mich auf einen Stuhl neben seinen Freund Andrzej. Er schaute mich an wie ein Bild und haute mir dann die Handkante in die Kniekehlen, damit meine Beine einknickten. Ich konnte nicht anders als zusammenzuklappen und mich hinzusetzen.

»Heilige Joanna«, sagte Tatas Freund Andrzej, der Automechaniker, zu mir, und auch er griff mir in die Kniekehle und kitzelte mich, und es kam mir vor, als seien meine armen Knie heute der Mittelpunkt der Welt.

Zu essen gab es unter anderem den fetten Murzynek, dessen Blut so schwarz gewesen war wie sein Fell, und Guga ging mit der Wodkaflasche herum. Sie umkreiste die

Tische so schnell und leise, daß ich sie oft aus den Augen verlor, aber wenn der Raubtiergeruch am stärksten war, wußte ich, daß sie hinter mir stand, und wenn er verflogen war, dauerte es eine kleine Weile, bis ihr Gesicht an der gegenüberliegenden Seite des Tisches über den Schultern der Gäste aufging wie der Mond. Das Herumgehen mit der Flasche war Gugas Amt. So war die Regel. Und wenn sie sich beim Einschenken vorbeugte und in die Gespräche der Gäste geriet, blieb der Blütenstaub der Neuigkeiten an Guga hängen, und sie trug ihn herum wie den Wodka.

»Der Maler Ginko macht eine neue Aktion«, flüsterte sie zwischen mir und Tata hindurch.

Tata lächelte dem Maler Ginko zu. Der Maler Ginko hatte Mama seine Hand in den Nacken gelegt.

»Ich werd ihm mal mein Reich hinterm Haus zeigen«, sagte Tata.

Kein guter Witz, fand Guga. Ich fand es ungerecht, daß Tata das Reich hinterm Haus nicht ernsthaft auch den Menschen zeigen wollte, denn ich war, wenn es schon sein mußte, für eine gleichmäßige Verteilung des Leides unter allen.

Unter den Menschen hatte ich keine Lieblinge. Wenn ich mir unsere Gäste anschaute, sah ich nichts als eine Menge Namen auf Stühlen, Namen, die ich mir nicht merken konnte, weil sie nicht von mir waren. Guga aber merkte sich nur Menschennamen, gern fremde und fremdartige, am liebsten ausländische, und die übte sie sogar vor dem Spiegel. Mamas Gäste waren Gugas Lieblinge, so wie ich die Kinder von Igor und der grauen Lucia am liebsten hatte. Gugas Lieblinge waren Mamas ehemalige Kommilitonen, der Maler Ginko, der Theaterdichter Grajan und die Sängerin Magdalena Kamińska, deren Haar noch schwärzer war als das Fell des fetten Murzynek. Tatas Gäste dagegen waren Guga und Mama zu schmutzig, und sie tranken ihnen zu viel. Mit Leuten, die Tata irgendwo aufgelesen hatte, Leuten wie dem Rinderbesamer von der PGR und dem alten Barańczak, der jedesmal sein Stuhlkissen naß machte, wollten Guga und Mama nichts zu tun haben. Die Kumpels, mit denen Tata und sein Freund Andrzej fischen gingen, an Motoren herumschraubten und in der Kneipe neben dem Bahnhof Zukunftspläne schmiedeten, waren für Mama allesamt Zigeuner, und wenn sie zu Besuch kamen, hatte Mama Angst um ihr Besteck. Manchmal verglich sie sich mit der Gräfin Tolstoj, denn irgendwann waren zu Tatas alten Freunden und Zufallsbekanntschaften ein paar finstere Jungen aus Kattowitz gestoßen, die sich kein bißchen für die Jagd, für Tiere, Autos oder todsichere Geschäfte interessierten, sondern Gedichte schrieben wie Mamas Gäste. Nur konnten wir diese Gedichte nie hören, denn Mama schickte uns hinters Haus, wenn einer aus Tatas neuem Gefolge einen Zettel aus seiner Hosentasche zog, und jedesmal holte Tata uns zurück, und in seinem Gebrüll gingen die Gedichte der Kattowitzer unter. Die Kattowitzer trugen Hosen, die am Po eng und staubig waren und um die Knöchel weit und schlammig, sie ließen sich Bärte wachsen wie Tata und machten sich ununterbrochen Notizen. Und obwohl man zu dieser Zeit in Polen ganz allgemein notizenmachende Leute mied, schlug Tata den Jungen auf ihre krummen Schultern und nannte sie freundlich seine ungewaschenen Jünger.

Mama wollte nicht den gleichen Fehler machen wie Tolstojs Frau, die die verrückten Anhänger ihres Mannes nie rausgeschmissen hatte, und, soweit Mama wußte, gleich mehrmals ins Wasser gegangen war.

»Aber wer ist am Ende dabei draufgegangen?« fragte Tata, »Tolstoj!«

Die Jünger aus Kattowitz verfolgten die Wodkaflasche in Gugas Hand mit den Augen und versuchten, Guga herbeizupfeifen. Aber Guga hörte nicht und kniff die Jünger im Vorübergehen in die Oberarme.

»Stell die Flasche auf den Tisch«, brüllte Tata, »laß die Gäste sich verdammt noch mal selber nehmen!« Er griff nach Guga, aber Guga konnte ihr Schleichen in einen Sprung verwandeln, weg von Tatas Hand. Sie lief zum Maler Ginko, schenkte ihm nach und schaute Tata über den Tisch hinweg mit ihrem Zyklopenauge an.

Meine Beine waren länger als Gugas. Meine Hände drehten ihr die Arme auf den Rücken, und meine Finger zwangen sich unter Gugas Finger, die den Flaschenhals festhielten. Ich hielt Guga so, daß ihre Zähne ins Leere schlugen.

Nachdem Mama Guga ins Haus nachgelaufen war, stellte ich die Flasche vor die Kattowitzer auf den Tisch. Ich setzte mich wieder auf meinen Platz, neben Andrzej, den Automechaniker, und erst am Abend, als ich hinterm Haus und um den Hauklotz herum nach dem Fell des fetten Murzynek suchte, sah ich, wie schwarz meine Knie von seinen öligen Griffen geworden waren.

Den fetten Murzynek hatte ich ein paar Tage vorher für Tata aus dem Stall geholt. Ich hatte mich vor den Stall hokken und beide Arme links und rechts vom Murzynek tief hineinstecken müssen, um ihn richtig zu fassen zu kriegen, und erst nach vielem Ziehen und Zerren war der Murzynek in meinen Schoß gefallen, wie drei Jahre zuvor blind aus dem Bauch der schwarzen Baba Jaga. Mühselig war es, so ein großes, schweres Kaninchen wie den Murzynek aus seinem Verschlag zu lösen, aber mit den kleinen hatte ich es auch nicht unbedingt leichter, denn die schlüpften mir durch die Finger wie Fische.

Tata wartete hinter dem Haus auf mich, und das Kaninchen wurde mir immer schwerer, je näher ich dem Hauklotz kam. Gut, daß der Murzynek sich nicht wehrte, denn sein brombeerfarbenes Fell war so glatt, daß er mir sonst aus den Armen gerutscht wäre. Tata stand am Hauklotz und fragte sich, ob ich es wohl schaffen würde, den Murzynek zu schlachten, der doch in meinen Schoß hineingeboren worden war.

Und nun konnte ich das Fell des schwarzen Murzynek nicht mehr finden. Bei den Ställen, an der Hauswand und unter dem Apfelbaum war es nicht, und neben dem Hauklotz lagen nicht einmal mehr die Pfoten.

Am folgenden Tag, als die Städter fort waren, hörte ich schon mittags die Türen von Andrzejs Fiat knallen. Ich saß auf der Treppe, die Hände in einem Wurf junger Kaninchen, und Andrzej, der Automechaniker, stieg über mich hinweg.

»Du wirst ja wohl hoffentlich nicht mehr wachsen«, sagte er, und da ich wußte, daß man über Kinder nicht steigen darf, wenn sie weiterwachsen sollen, vermutete ich, daß ich kein Kind mehr war. Und überhaupt wäre ich froh darum gewesen, nicht weiterwachsen zu müssen.

Mama war den ganzen Tag noch nicht heruntergekommen. Sie saß mit fettigen Haaren an ihrer Schreibmaschine und hoffte, Buchstabe für Buchstabe die ungeschriebenen Gedichte vom Samstag noch einholen zu können. Und so schöpfte ich die nackten Kaninchen aus meinem Schoß in ihre Kiste zurück, legte ein Brett darauf und lief hinter Andrzej her in die Küche, um ihm und Tata ein paar Brote zu machen.

»Ich fahre«, schrie Andrzej noch in der Tür Tata entgegen.

»Schweinehund!« schrie Tata und küßte Andrzej die Wangen.

Andrzej reparierte landwirtschaftliche Fahrzeuge für die PGR, aber er sprach und träumte nicht von Traktoren und Dreschmaschinen, sondern von Autos aus Westdeutschland. Und für Westdeutschland hatte Andrzej ein Visum und einen Paß.

Andrzej setzte sich neben mich an den Küchentisch.

»Warum hast du ein Visum?« fragte ich. Ich schnitt Salzgurken klein und legte sie auf ein Wurstbrot. Ein Visum oder ein Paß war etwas, das man nicht haben konnte, sondern etwas, worüber Tata in der Bahnhofskneipe redete, wenn er sehr viel getrunken hatte. So wie das Mittelmeer oder eine Harley Davidson.

»Weil ich ein Deutscher bin«, sagte Andrzej und ließ seine schwarze Hand auf mein Bein fallen. Ich mußte lachen, weil Andrzej so polnisch war wie die Salzgurken auf seinem Wurstbrot.

»Und du bist so deutsch wie ich, heilige Joanna«, sagte Andrzej. Seine Hand krallte sich um meinen Oberschenkel. »Und von der deutschen Schokolade wirst du fett werden wie eine Gans.«

»Bald«, sagte Tata, »spielen wir ein Spiel, das heißt Vier Koffer und das Mittelmeer.«

In Tatas erstem Paket aus Deutschland waren neben meiner Barbiepuppe und einer Jeans für Guga so viele Süßigkeiten gewesen, daß sie den ganzen Wohnzimmerteppich bedeckten, nachdem Mama den Karton mit einem Messer aufgeschlitzt und einfach über dem Boden ausgeleert hatte. Und das beste war nicht einmal die Schokolade, das beste waren die Kaugummikugeln, auf lange durchsichtige Plastikstreifen geschweißt, ein Haufen bunter Maschinengewehrmunition.

»Die Waffen des Westens«, sagte Mama und ging hinauf zu ihrer Schreibmaschine.

Nachdem Tata mich mit dem Mittelmeer gelockt hatte, kam Guga in die Küche und nahm sich einen Apfel. Sie trug ihren roten Badeanzug und eine Hose, die sie bis unters Knie hochgekrempelt hatte, aber Schuhe trug sie keine. Ihre Füße waren kurz und breit wie Tigertatzen.

»Wo gehst du hin?« fragte Tata.

»Zum Baden«, sagte Guga.

»Aber nicht in der Rawa«, sagte Tata.

»Im See«, sagte Guga, »ich bin doch nicht blöd.«

Die Rawa war ein Fluß, der Tata gerade gut genug zum Katzenertränken war. Die Rawa wechselte alle paar Tage ihre Farbe, sie schäumte und stank.

»Die Rawa ist dazu da, die Kattowitzer Scheiße hinaus zu uns aufs Land zu tragen«, sagte Tata, »genau wie unsere Gäste.«

»Ich geh dann«, sagte Guga.

Sie hielt es nicht so lange unter Andrzejs Blicken aus wie ich.

»Nimm deine Schwester mit«, sagte Tata.

»Bestimmt nicht«, sagte Guga und zeigte ihre Handgelenke her. Sie waren über Nacht blau geworden, wo meine Finger tags zuvor zugedrückt hatten, als sie die Wodkaflasche nicht hatte hergeben wollen.

»Nimm sie mit«, befahl Tata.

»Das ist doch peinlich«, sagte Guga, »ihre Beine sind so dünn, und sie sagen Storch zu ihr.«

»Beine sind nicht wichtig bei einer Frau«, sagte Andrzej, »Beine gehen zur Seite.«

Als ich hinter Guga her die Treppe hinunterlief, war die Kiste mit den jungen Kaninchen nicht mehr dort, wo ich sie stehengelassen hatte.

Neben Guga und einem fremden Jungen auf dem warmen Rindenmulch am See zu liegen war langweilig und anstrengend zugleich. Guga ließ sich küssen und die Hand unter den Rand ihres roten Badeanzuges schieben, und ich sah an den Bäumen hinauf und wirbelte roten Staub mit den Füßen auf. Der Wald reichte bis fast an das Seeufer heran, und die geraden Stämme hielten die warme Luft gefangen. Ich wunderte mich, daß Gugas Geruch den Jungen nicht störte. Wenn Guga im Liegen die Arme an den Körper preßte, fächerten sich die Haare unter ihren Achseln auf, und wenn sie die Arme ausbreitete, roch es scharf und ranzig.

Zu Beginn hielten Guga und der Junge bloß die Lippen aneinander. Später öffnete erst Guga ihren Mund und dann der Junge, und zusammen gab es ein Geräusch wie beim Kaninchenausweiden.

»Wir fahren bald nach Deutschland«, sagte ich.

»Quatsch«, sagte Guga und drehte sich auf den Rücken. Vor lauter Trägheit bekam sie die Augen nicht auf.

»Wir sind Deutsche, weil wir einen deutschen Nachnamen haben«, sagte ich.

»Spinnst du?« fragte der Junge. »Geh spielen!«

Anders als bei Guga knackten die Äste und Zweige laut unter meinen Füßen, wenn ich zwischen den Bäumen herumlief. Es war schön im Wald, aber zu tun gab es für mich nichts, bis ich unter einer Fichte die tote Taube fand. Als ich sie schon begraben hatte, fiel mir ein, daß ich sie doch gern behalten hätte, und ich grub sie wieder aus. Ich klopfte die trockene Erde von ihren Federn. Die tote Taube fühlte sich anders an als eine Gans, das Federkleid war nicht dick und von Kämpfen zerpflückt, sondern zart und glatt und ohne eine Lücke. Eine Taube brauchte man nicht zu rupfen. Eine tote Taube durfte sich einfach auflösen, so, wie sie war. Als wir in der Dämmerung durch den Wald zurück zur Straße liefen, ging ich hinter Guga und dem Jungen her, die sich gegenseitig die Hände in die Hosentaschen gesteckt hatten. Ich drückte die Taube an mich und küßte sie, und es war doch sehr ungerecht zugegangen an diesem Tag, denn am Ende des Tages hatte Guga einen Freund und ich bloß den Mund voller Verwesung.

Die Frage, wo meine jungen Kaninchen geblieben waren, konnte mir niemand ernsthaft beantworten. Daß Guga sie in die Rawa geschmissen hatte, glaubte ich nicht, denn als sie das behauptete, lächelte sie nur mit einer Seite ihres Gesichts, und das tat sie immer, wenn sie log.

Tata sah mich suchen, zog mich an den Beinen unter dem Leiterwagen hervor und legte mich über den Hauklotz.

»Komm«, sagte er und hob das Messer, »wir spielen ein Spiel, das heißt Schlitz und Auf.«

»Sie waren noch nicht einmal getauft«, sagte ich, und Tata ließ mich los und nannte mich Joanna die Täuferin. Ich rutschte von Hauklotz und riß mir dabei einen Splitter ins Knie. Von den kleinen Kaninchen war mir nichts geblieben, genausowenig wie vom schwarzen Murzynek. Wenn ich schon nicht begraben konnte, mußte ich wenigstens etwas zum Behalten haben, so war die Regel, und nun hatte ich gleich von mehreren meiner Lieblinge weder Grab noch Fell noch Pfote.

Als Tata in Deutschland war, wurde nur mehr nach Mamas Regeln gespielt.

In Tatas zweitem Paket aus Deutschland waren zwei Affen aus Stoff für mich und Guga gewesen, die, schrieb Tata, »Mon Czi Czi« hießen, und eine Flasche mit einem dicken gelben Saft. Wegen der verschiedenen Obstsorten und der vielen Zahlen auf dem Etikett vermutete Mama Unmengen von Vitaminen in diesem Saft, und so bewahrte sie die Flasche im Wohnzimmerschrank auf, und wir bekamen davon jeden Tag einen winzigen Schluck aus dem Schraubdeckel. Bald schwammen in der Flasche grüne Schimmelinseln, und Guga mußte kotzen. Mama schüttete den restlichen Saft weg und schimpfte auf die schlechte deutsche Medizin.

Besuch bekamen wir samstags immer noch, aber ohne Tata wurde weniger getrunken und mehr vorgelesen, die Leute redeten leiser, und es gab leichtes, fleischloses Essen. Von allen tat es Guga am meisten leid um das gute Fleisch, aber selbst zum Beil greifen mochte sie nicht. Immer häufiger ging sie jetzt mit Wein herum, roten in der einen, weißen in der anderen Hand. Den ungewaschenen Kattowitzern verbot Mama das Haus, aber der Maler Ginko blieb immer öfter bis zum Sonntagmorgen.

Tata hatte ein dreimonatiges Touristenvisum für Deutschland bekommen, doch das bedeutete nicht, daß er nach drei Monaten wieder zu Hause sein würde, sondern daß er, wenn diese drei Monate abgelaufen waren, für lange Zeit nicht mehr nach Polen zurückkonnte.

In der Nacht, bevor Tata ging, suchte und fand er mich bei den Kaninchen. Ich saß im Dunkeln vor den Ställen, blind vor einer meterhohen Wand aus Kratzen, Schaben und Atmen, und als Tata kam, fing es an zu regnen.

»Komm«, sagte Tata, »wir spielen ein Spiel, das heißt Regen und ein eklig riechender Mantel.« Unter Tatas Mantel roch es tatsächlich eklig nach Petroleum und verbranntem Gummi. Tata nannte mich Kaninchenkönigin, weil *królik*, Kaninchen, und *królowa*, Königin, fast ein und dasselbe Wort sind.

»Holst du uns?« fragte ich.

»Nein«, sagte Tata, »ihr werdet kommen.«

Tata war fort. Die Kaninchen vermehrten sich, und mit dem Taufen kam ich nicht mehr nach. Wenn ein Kaninchen starb, starb es eines natürlichen Todes. Nur manchmal mußte ich eines begraben, das morgens ohne Kopf in seinem Verschlag gelegen hatte, bei weit geöffnetem Türchen, mit Wirbeln im Fell, wo der Herbstwind hineingeblasen hatte.

»Marder«, sagte Mama. Bevor ich das Fell abzog, lief ich herum und schaute nach, ob ich den Kopf nicht doch irgendwo fände, obwohl gerade die fetten Kaninchen ohne Kopf viel besser in eine Schuhschachtel paßten.

Seit dem Sommer war Krieg auf den Werften im Norden, und von Tata kam ein verwirrender Brief voller Spielvorschläge. Mama zerriß den Brief und machte Tata nach.

»Komm«, sagte Mama mit ihrer Zigeunerstimme, »wir spielen ein Spiel, das heißt Aufgeben und Abhauen!«

»Komm«, sagte Guga mit genau der gleichen Stimme, »wir spielen ein Spiel, das heißt Schiß und Verrat!«

Ich ging zu den Kaninchen und sortierte sie neu nach Farbe und Größe. Mittlerweile mußten sich zwei oder drei Tiere einen Verschlag teilen, doch eigentlich waren die Ställe dazu zu klein, und morgens hockten die Kaninchen oft mit blutigen Pfoten und krustigem Fell in ihrem eigenen Dreck.

»Bring endlich mal wieder eins um!« sagte Guga, die den Gestank nicht mehr aushielt und sich vor Jacek, ihrem Freund, dem Jungen vom See, schämte. Aber wenn ich nicht dazu gezwungen war, konnte ich nicht töten. Mittlerweile waren Messer und Beil stumpf geworden. Tatas Reich des Blutes, des Fells und der Federn war verwaist, und aus dem Hauklotz wuchsen rötliche Pilze.

Um die Gänse stand es nicht besser als um die Kaninchen: Sie verdrängten sich gegenseitig von unbefruchteten Eiern, brüteten sinnlos darauf herum mit ihren verklebten Hinterteilen, und weil ich es nicht schaffte, den Gänsestall auszubessern, bildeten sich beim Brüten an ihren Bäuchen schmutzige Wächten aus Federn und hereingewehtem Schnee. Wenn sich der Maler Ginko am Sonntagmorgen auf den Weg zum Bahnhof machte, kam er nur mit der Nase im Mantelkragen und angehaltenem Atem an den Ställen vorbei.

Irgendwann kam der Maler Ginko nicht mehr. Er hatte sich entschlossen, nach denselben Regeln zu spielen wie Tata. Mama ließ sich von der Sängerin Magdalena Kamińska trösten, deren Haar inzwischen nur noch zur Hälfte so schwarz wie das Fell des schwarzen Murzynek war, das ich noch immer nicht wiedergefunden hatte. Die andere Hälfte, vom Scheitel bis zum Ohr, hatte die gleiche Farbe wie mein Liebling, die graue Lucia. Wie ich das Beil rührte Mama nun die Schreibmaschine nicht mehr an.

Als kein Schnee mehr lag und die Sonne nicht mehr so silberfahl wie Aluminium am Himmel stand, kamen Tatas Kattowitzer Jünger zum Packen, und sie fuhren unsere Kisten mit drei Autos nach Danzig, wo sie auf ein Schiff geladen wurden. Da in Danzig noch immer Krieg war, wußte niemand, wann das Schiff mit unseren Kisten auslaufen würde. Für uns kaufte Mama Flugtickets und Billetts für den Zug nach Warschau.

An unserem letzten Abend kam nur noch der alte Barańczak zu Besuch, und nun war es egal, wohin er sich mit seinem feuchten Hosenboden setzte, denn die Küchenstühle blieben ohnehin hier. Gugas Pupillen verschmolzen miteinander vor Ekel, als der alte Barańczak nach Mamas Hand griff.

»Vielleicht könnten Sie mir freundlicherweise einmal einen schönen Anzug schicken«, sagte der alte Barańczak.

»Nicht mehr für dieses Leben, so eitel bin ich nicht«, sagte er, »nur für im Sarg.«

Mama entzog dem alten Barańczak ihre Hand, steckte ihm ein paar übriggebliebene Wodkaflaschen in die Manteltaschen und schob ihn zur Tür hinaus.

In der Nacht kam Jacek in Gugas Zimmer. Im ganzen Haus breitete sich Manegengeruch aus, und das Geräusch, das Guga und Jacek machten, wenn sie einander gegen die Wand stießen, ließ mich nicht schlafen. Ich lag im Bett und mußte das Ohr immer wieder gegen die Wand drücken, hinter der Guga und Jacek waren. Und das Klopfen und Scharren auf der anderen Seite setzte sich in meinem Kopf fort und hätte ihn fast gesprengt, wenn ich ihn nicht im letzten Moment ins Kissen gebohrt hätte.

Im Flur zog ich Schuhe und Mantel an. Dann lief ich hinaus zu den Ställen. Es war so dunkel, daß ich die Kaninchen nicht sehen konnte, ich konnte nur hören, wie sie sich gegen die Bretterwände stemmten, und als ich mich gegen den Stall lehnte, fühlte ich ihr Fell durch die Maschen des Kaninchendrahts an meiner Wange.

»Komm«, sagte ich, »wir spielen ein Spiel, das heißt Hau und Ab!«

Ich hakte die Türchen auf und schaufelte die Kaninchen hinaus. Obwohl Andrzej, der Automechaniker, über mich drübergestiegen war, war ich weitergewachsen, und um die obersten Verschläge zu öffnen, mußte ich nicht einmal mehr auf einen Schemel steigen. Das letzte Kaninchen klatschte wie ein nasser Sack auf den Boden. Immer noch wagte keines davonzulaufen. Ich stand bis über die Knöchel in einem Meer aus Kaninchen, die einfach sitzen blieben und sich nicht rührten.

»Los!« sagte ich und stampfte mit dem Fuß auf. Aber erst,

als ich das Beil nahm und damit gegen die Stallwände haute, donnerten die Kaninchen davon wie losgetretenes Geröll, und fünf Minuten später folgten ihnen die Gänse wie eine Schneelawine.

»Lieber Gott!« sagte Mama, als sie gegen Morgen in den Gänsestall schaute und mich dort auf meinem riesigen Haufen sitzen sah, in dem nur das Fell des schwarzen Murzynek fehlte. Sonst war mir von allen etwas geblieben, und was ich konnte, hatte ich aufgehoben.

»In einer Stunde!« sagte Mama. Sie zog die Brauen zusammen wie Guga und schlug die Tür wieder zu.

Ich saß da wie die Königin von England und trug zum letzten Mal meinen Mantel aus Fell und meine Krone aus Federn.

Asiatische Massage

Ich widmete den Schnitt in meinem Kinn dem asiatischen Mädchen, das mich so früh am Morgen verlassen hatte. An ihrem nassen T-Shirt, das mir um den Hals hing, wischte ich den Rasierer ab. Ein riesiges Comic-T-Shirt hatte ich am Hals, dank Benno, der mir ein ungewöhnlich großes und fettes asiatisches Mädchen ausgesucht hatte, ein Mädchen mit Tschuktschenwangen, mit Schenkeln, so fett wie Robbenleiber, eine Kamtschatkaschönheit, ein Eskimomädchen mit Öl in den Augen und Tran im Blut und mit einem einsilbigen Namen. Langsam, laut und gründlich war sie gewesen, und als eine Meisterin des Daliegens hatte Benno sie mir angekündigt. Der gelbe Talg des Mädchens bedeckte mich noch immer, und auf dem Laken ließ er sich zu kleinen gelben Spindeln reiben.

Erst hatte Aga dort gelegen, in dem neuen weißen Bett, als es noch sauber war, und ich hatte viel vorgehabt mit Aga, hatte sie einwickeln wollen in dieses Laken, hatte sie wie einen Sack Muscheln herumtragen und ihr alles zeigen wollen, das neue Telefon, das neue Sofa, das frisch gestimmte Klavier und die vielen Siebe in der Küche. Aber als Aga gegangen war in der Nacht, hatte sie es noch eiliger gehabt als das asiatische Mädchen am Morgen.

Ich hatte auf Aga gewartet, erst ein Jahr, dann einen Tag. Den Tag, an dem Aga wiederkommen sollte, hatte ich als ein Punkt auf den klebrigen Wabenkoordinaten der Wartefalle von Tegel verbracht, den ganzen Tag, denn Aga hatte mir ihre genaue Ankunftszeit nicht verraten wollen, und ihre Mutter ging seit einer Woche nicht ans Telefon. Ich wußte nicht einmal, mit welcher Fluggesellschaft Aga flog, ich wußte nicht, wo sie hatte umsteigen müssen, ich konnte nur darauf warten, daß mein Mädchen endlich wiederkäme aus Amerika. Den ganzen Tag lang ließ ich blauschwarze Menschenwolken über mich hinwegrasen, und als am Abend endlich Aga vor mich hingehagelt wurde, kam ihre Mutter und schnappte sie mir vor der Nase weg.

»Nichts mit dir zu tun«, sagte Agas Mutter, als sie den Arm um Aga legte, »Agatha muß sich jetzt ausruhen.«

Mein Telefon klingelte, und Benno fragte: »Hast du sie?« denn Benno wartete vor der Ankunftshalle darauf, mich und Aga nach Hause zu fahren, und ich mußte nein sagen, obwohl Aga ja vor mir stand, fremd, glatt, braun an Armen und Beinen zwar, aber doch Aga. Ich mußte nein sagen, obwohl ich das Gesicht unter dieser Institution eines Scheitels hätte anfassen können.

Aga ließ mich ihre Tasche nicht tragen.

»Heute schlafe ich allein, wegen der Zeitverschiebung«, sagte sie und lächelte müde, »mir ist übel.«

Ich lief neben Aga her, die sich unter dem Arm ihrer Mutter krümmte.

»Morgen komme ich in die Wohnung und gucke mir alles an«, sagte Aga.

Benno ließ den Kofferraum aufspringen, aber Aga stopfte ihre Reisetasche in den Golf ihrer Mutter.

»Ist sie jetzt völlig durchgedreht?« fragte Benno.

Ohne Aga mußte ich in die schwarzen, stinkenden Lederinnereien von Bennos Taxi kriechen. In seinem Taxi fuhr Benno den schlechten Atem der ganzen Stadt spazieren. Er selbst merkte nicht mehr, wie sehr es stank, nach Döner, Rauch und Bier, und es war ihm auch egal, denn Benno war in New York gewesen und hatte sich eine Haltung von dort mitgebracht, eine New Yorker Taxifahrerhaltung. Als dicker, taxifahrender Student mit krummem Rücken war Benno nach New York gegangen, und als dicker, aber aufrechter Taxifahrer war er zurückgekehrt. Gleich darauf hatte er sich exmatrikuliert.

»In New York City kann man mit Taxifahren mehr Geld machen als an der Wall Street«, hatte Benno gesagt. Seine Haare waren kürzer als je gewesen, und er hatte eine neue schwarze Lederjacke gehabt. »Ich kenne einen Taxifahrer in New York City«, hatte Benno gesagt, »der in einem Jahr 10.000 Dollar in asiatischen Massagesalons ausgegeben hat.« Und so erfuhr ich, warum Benno in New York nicht nur zum Taxifahrer, sondern auch zum Mann geworden war, und was seine Wirbelsäule hatte gerade aufsprießen lassen wie einen Bambus.

»Weißt du, was ein asiatischer Massagesalon ist?« fragte Benno. Er steckte sich eine Zigarette an. »Du gehst hin, sie geben dir eine Massage, und du fühlst dich wie ein Mann. Und dann fragen sie, ob du noch mehr Service willst.«

»Ich mag keine Nutten«, sagte ich.

»Hauptstraße eins doppel vier, Raucher!« sagte die Zentrale.

»Hauptstraße eins doppel vier, bedanke mich!« sagte Benno, »aber in diese Mädchen wirst du dich verlieben.«

»Ich verliebe mich nicht in Nutten«, sagte ich.

»Ich verliebe mich nur in Nutten«, sagte Benno.

Benno und ich waren dem roten Golf nachgefahren, bis vor Agas Haus.

»Laß sie in Ruhe«, sagte Benno, »die beruhigt sich wieder.« Er fand keinen Parkplatz und sagte: »Entspann dich! Wie wär's mit einer asiatischen Massage?«

Ich sprang aus dem Taxi und lief Aga und ihrer Mutter hinterher, die vor mir davonrannten über die aufgeplatzten Betonplatten. Vor der Haustür fing Agas Mutter an, sich auf die Taschen zu klopfen und ihren Schlüssel zu suchen. »Das hat nichts mit dir zu tun!« rief sie mir entgegen. Agas Mutter fand den Schlüssel und steckte ihn mit zitternden Fingern ins Schloß.

»Morgen«, sagte Aga und lächelte immer noch, als ob sie gleich kotzen müsse, »morgen komme ich und gucke mir die Wohnung an.«

Von Agas Haus mit Agas Fenstern darin wollte ich mich nicht wegrühren. Ich stand wie vor Jahren im Dunkeln an die Teppichklopfstange gelehnt und wartete, daß Aga heruntersähe.

»Komm, wir suchen dir ein asiatisches Mädchen«, sagte Benno, »wer weiß, vielleicht ist das dein letzter Abend in Freiheit.«

Seit ich die Lichtkonstellationen in Agas Fenstern zu beobachten angefangen hatte wie ein Sternbild, jede Nacht, war ich es gewohnt, so an der Teppichklopfstange zu stehen. Daß Aga heruntersähe, darauf kam es letztlich an, und bisher war sie noch immer für mich aufgeflammt an den Nachthimmeln der letzten zehn Jahre, die blasse Nova von Agas Gesicht, jedesmal eine Sterngeburt.

Drei Fenster gingen im dritten Stock nach vorne raus, Küche, Bad und Agas Zimmer. Von Anfang an hatte ich auf die Lichtsignale aus diesen Fenstern geachtet, seit Aga in der Schule vor mir saß. Die Signale waren nicht für mich bestimmt, nicht für mich und mein Fahrrad, auf dem Weg irgendwohin oder irgendwoher in der dunklen Stadt, aber zusammen mit den Signalen der anderen drei Fenster, die nach hinten hinausgingen, bildeten sie Beleuchtungsformationen, die ich zu deuten lernte. Nach zwei Jahren hinter Aga, mit Blick auf Agas Zopf und die Landschaft ihres Rükkens, auf ihren hochgereckten Meldearm, das geblähte Segel ihres rechten Schulterblatts und die Rippen darunter, die sich auseinanderzogen, wenn Aga aufgerufen wurde und erleichtert aufatmete, nach zwei Jahren klingelte ich das erste Mal unter der Konstellation vorne-dunkel-dunkelhell, hinten-dunkel-dunkel-dunkel. Nach zwei Jahren hinter Aga, nach zwei Jahren des Zusehens, wie ein magerer Rükken breiter wird, ohne seine Topographie zu ändern, nach wechselnden T-Shirts mit Reliefs von rätselhaften Verschlüssen darunter, nach zwei Jahren hatte ich einen Chinaböller direkt neben Aga explodieren lassen, in der Fünfminutenpause. Aga war bleich geworden und hatte sich ans Ohr gefaßt, abwechselnd die Hand ans Ohr gehalten und vor Augen gehoben, um zu sehen, ob Blut daran wäre, und dann war sie von ihrer Freundin Sonja zur Schulschwester gebracht worden. Eine Woche lang hatte Aga danach in der Schule gefehlt, und mir war befohlen worden, Schokolade für Aga zu kaufen und mich damit bei ihr entschuldigen zu gehen.

Im Fahrstuhl von Agas Haus hatte jemand in einen Coca-Cola-Becher gepinkelt. Als sich die Fahrstuhltür öffnete, stand mir Aga gegenüber, in einem der Türrahmen, die im dritten Stock alle rot waren, Aga mit aufgelöstem Haar und Katzenpullover.

»Oh Gott!« sagte Aga. Die Schokolade nahm sie und schmiß sie auf die Flurkommode. Aber wenn sie nicht gewollt hätte, daß ich bliebe, hätte sie mir wohl keine Hausschuhe angeboten. Als ich Aga in ihr Zimmer folgte, hatte ich ihn wieder vor mir, den Rücken, den ich seit einer Woche nicht mehr gesehen hatte. Ich ließ mir von Agas Scheitel den Weg durch den dunklen Flur bis in ihr Zimmer leuchten und freute mich auf die nächsten Worte, die Aga an mich richten würde, nach zwei Jahren und diesem »Oh, Gott!«. Ich mußte mich auf das Bett mit der gelben Tagesdecke setzen, und als Aga in die Küche ging, um etwas zu trinken zu holen, sah ich ihre Platten durch und legte *Bohemian Rhapsody* auf, das Stück, zu dem ich sie später entjungfern würde. Aga kam mit zwei Gläsern zurück, blieb in der Tür stehen und fragte: »Warum hast du das gemacht?«

»War keine Absicht, mit dem Böller«, sagte ich. Ich mußte etwas Lockeres tun und zog ein Buch aus dem Regal, *The Sun Also Rises*, auf dem Umschlag ein roter Stier. Aga stellte die Gläser auf den Schreibtisch, nahm mir das Buch aus der Hand und stopfte es zurück zum übrigen Hemingway.

»Ich stelle dir eine Frage, über die es sich lohnen würde, nachzudenken, und du antwortest mir, ohne nachzudenken«, sagte Aga, »kommst du dir da nicht dumm vor?«

Die asiatischen Mädchen saßen auf dem Samtsofa und rauchten und schnappten nach ihrem ausgeblasenen Rauch wie Fische.

»Heute Massage für zwei?« fragte ein japanisches Schulmädchen, als es uns sah und zog ein Bonbon mit den Zähnen aus dem Papier.

In New York war Benno jede Nacht von einem anderen asiatischen Mädchen massiert worden. Philippinische Bademeisterinnen, vietnamesische Nudelköchinnen, kambodschanische Tänzerinnen, taiwanesische Fabrikarbeiterinnen, laotische Stewardessen und indonesische Dschungelkämpferinnen hatten ihre Finger in Bennos lockersitzendem Fleisch gehabt. »Und was die Finger eines asiatischen Mädchens einmal gelernt haben, das vergessen sie nie«, sagte Benno. In New York hatte Benno eine Koreanerin gehabt, die fünf Jahre lang Köpfe auf Puppenkörper gedreht hatte. »Ein Gesicht wie ein leerer Teller«, sagte Benno, »aber diese Hände haben mir das Leben aus dem Körper gequetscht.«

Auch in Berlin gab es asiatische Mädchen. Benno fand sie hinter silberverklebten Fenstern und flatternden Plastiktürvorhängen, er fand sie am Stuttgarter Platz und in der Lietzenburger Straße, und ihr Lob sang er jede Nacht den Geschäftsreisenden, die in sein Taxi geraten waren und nicht wußten, wohin mit ihrer Langeweile, ihrer Geilheit und ihrer schlechten Haltung. Bennos breiter Rücken war unterdessen weich geworden wie Kuchenteig.

Die Mädchen auf dem Sofa drückten ihre Zigaretten aus und ihre Guppylippen aufeinander. Sie warteten, daß Benno mir eine von ihnen aussuchte, und Benno suchte sie mir aus, mein erstes asiatisches Mädchen, ein Mädchen, gelb wie Phosphor und feucht wie das Gangesdelta, so Benno, und mit bengalischem Feuer in den Augen. Benno war zufrieden mit seiner Wahl, und ich wollte nur noch hinausrennen auf die Straße. Ich hörte das Geräusch der Kaffeemaschine, ich sah das Sofa, die thailändischen Boulevardzeitungen auf den Knien der Mädchen, die Großflasche Jasminöl neben dem Telefon, und natürlich dachte ich an Aga, die jetzt allein in ihrem alten kurzen Bett lag, auf der gelben Tagesdecke, unter dem Bild vom Schnee am Kilimandscharo und mit ihrem verschobenen Schlaf-Wach-Rhythmus aus Amerika. Benno gab mir ein Bier.

Das Mädchen, mit dem ich gehen sollte, hatte jahrelang Wäsche gewaschen im Brahmaputra, und vom Ausschlagen der nassen Wäsche auf den Ufersteinen hatte es Arme bekommen wie gedrehte Taue. Das Mädchen stand vom Sofa auf, und ich sah, daß es keine Schuhe anhatte. Seine weißgepolsterten Füße hinterließen nasse Abdrücke auf dem Teppich, als es quer durch das Zimmer lief. Benno hob die Daumen und scheuchte mich dem Mädchen mit einem Nicken hinterher, und selbst ging er mit einer mongolischen Reiterin.

Ich bemitleidete die Wäsche, ich bemitleidete den Brahmaputra, ich wurde zum Uferstein, zum Sumpfgras, zum Flußgrund unter dem Mädchen, das Benno mir ausgesucht hatte und das mir mit seinen braunmarmorierten Händen die erste asiatische Massage meines Lebens gab. Es zog seine Finger durch meinen Körper wie durch Wasser, es wühlte mein Fleisch mit den Füßen auf wie den schwefligen Flußschlamm Bengalens, und ich mußte das Gesicht ins Kissen drücken, in einen weißen Satinschwan mit Stockflecken. Das bengalische Mädchen machte mich verrückt. Es rutschte auf mir herum, klammerte sich an mich wie an einen glitschigen Baumstamm und riß mir die Arme auf den Rücken. Mit knappen Schenkelbewegungen rollte es mich über das Bett. »Hart ist gut?« fragte das Mädchen. »Nein«, sagte ich. Ich bohrte den Kopf in die Matratze, und das Mädchen ließ meine Arme los. Es legte sich auf mich, und die Faulgase, die ihm aus Mund und Nase strömten, fingen an, mich zu betäuben, es roch nach Moderholz und verrottendem Schilf, und ich breitete endlich die Arme aus und ließ das Mädchen Wellenkeile durch meinen Körper ziehen. Es machte keinen Unterschied, ob ich die Augen öffnete oder geschlossen hielt, alles war gelb, ich tauchte durch trübes gelbes Brackwasser, knapp über dem Boden, knapp unter der Oberfläche, und über mir war kein Himmel und unter mir kein Grund. Peitschenhiebe von nassen Haaren im

Gesicht, Methan in der Nase und Mückenlarven im Fleisch lag ich da, und halb versank ich, halb trieb es mich auf unter meiner ersten asiatischen Massage.

»Noch mehr Service?« fragte das Mädchen. Mir war schlecht. Ich spürte nichts als die Zangenbewegungen seiner Schenkel, mit denen es mich vorwärtstrieb, die tausend Windungen seines fieberwarmen Flusses hinab, das bengalische Mädchen, von dem Benno gesagt hatte, es habe ihn einmal den ganzen Strom der Lust hinuntergeflößt bis zu seiner Mündung. Er hatte es Ganga genannt, nach der Flußgöttin des Ganges, und dabei war es doch vom Brahmaputra, dem Phosphorstrom, der in China Tsangpo heißt. Ich hoffte, daß nur in Asien die Nutten mit den Göttern in einen Topf geworfen würden, und sagte: »Ich muß nach Hause.«

»Spinnst du, jetzt schon?« fragte das bengalische Mädchen.

»Ich muß früh aufstehen«, sagte ich, »morgen kriegen wir Telefon und ein neues Sofa.«

Immer hatte ich mir vorgestellt, daß man es so machte nach einer asiatischen Massage, und jetzt tat ich es tatsächlich: Ich zog mich an und ging, ohne mich zu verabschieden.

Natürlich dachte ich an Aga. Ich sah auf meine feuchten Hände hinunter, meine aufgequollenen Fingerkuppen, und ich dachte an Aga und ihre fremde Wüstenhaut unter einem warmen kalifornischen Mond.

Nach der Sache mit dem Chinaböller und meinem ersten Besuch bei Aga hatte ich angefangen, abends auf dem Fahrrad Agas Haus einzukreisen, in einer Spiralbewegung mit zum Mittelpunkt hin zunehmender Geschwindigkeit. Ich zog Kreise, bis es Nacht wurde, unter einem Himmel, der selbst nicht Dunkelheit, nicht Licht war, sondern nur eine

Fläche, die das Licht und die Dunkelheit des Viertels reflektierte, in dem Aga wohnte. Die Fenster und die Räume zwischen den Fenstern waren selbst Sterne und Nacht. Ich tauchte aus den hellen Laternensystemen und Spiralnebeln der Straßen in die Dunkelheit der Parks und der kollabierten Galaxien zwischen den Blocks. Ich mischte mich unter die Sternströme der Autoscheinwerfer. Von all den schwarzen Löchern und chaotischen Lichthaufen ließ ich mich nicht ablenken, ich hatte nur die sechs Lichter im Kopf, deren Anordnung über Aga und mich entschieden. Wenn ich in den Betonplattenweg einbog und mein Rad mit den Füßen bremste, hoffte ich auf die richtige Konstellation und ein günstiges Horoskop für den Abend.

Oft war Agas Mutter zu Hause. Dann konnte es passieren, daß ich nicht hinaufdurfte, nicht einmal, wenn ich Schulbücher dabei hatte, denn Agas Mutter hatte herausgefunden, daß wir beim Hausaufgabenmachen Musik hörten. Ich schleppte nach und nach meine ganze Plattensammlung zu Aga hinauf, denn Aga machte sich nichts aus Musik, und die einzige gute Platte, die sie besaß, hatte ich schon am ersten Abend gefunden: das *Queen*-Album mit dem Sprung. Immer saß Aga am Schreibtisch und schaute über die linke Schulter nach hinten, zu mir, der ich vor dem Plattenspieler hockte. Das waren unsere festen Koordinaten im Raum.

»Gehst du mit ihr?« fragte Benno. Er war dick und ging mit niemandem.

»Ja«, sagte ich, aber es dauerte weitere fünf Jahre nach der Sache mit dem Chinaböller, bis Aga die Notwendigkeit einsah. Und als Aga sie endlich eingesehen hatte, war die Schule auch schon wieder vorbei.

Ich konnte nicht verstehen, wie man Hemingway lesen konnte, ohne etwas von den praktischen Seiten des Rauchens, des Trinkens und des Sex verstehen zu wollen. Ich hatte mir das alles erarbeitet, zusammen mit Benno, und ich freute mich darauf, Aga etwas beibringen zu können. Ich redete auf ihre helle Stirn unter dem Scheitel ein und wollte Aga unbedingt betrunken machen, nachdem ich auch schon betrunken gewesen war. Und als ich es geschafft hatte, wollte ich sie jeden Abend haben und betrunken machen, ich wollte einen Ort für uns, wo das möglich war, weit weg von der gelben Tagesdecke, ich stellte mir ein Zimmer vor und eine Küche, wo es nichts Gelbes gab, alles sollte weiß sein, ein Bett sollte da sein und ein Plattenspieler, und zwei Fenster müßten reichen, damit Aga und ich vernünftig leben könnten, in einem gemeinsamen Sternbild, das seinen Schein aus unseren Fenstern an den Nachthimmel werfen würde.

»Schön«, sagte Aga, als sie die Wohnung sah. Natürlich wurde gerade das neue Sofa vorbeigetragen, wie in einem Film, zwischen mir und Aga hindurch. Ich hielt den Lieferanten alle Türen auf und unterschrieb alle Zettel, die sie mir hinhielten, und dann war Aga wirklich da, mit ihrer Tasche, aber die Wohnung hörte nicht sofort auf zu stinken wie ein neues Auto.

»Mein Klavier!« rief Aga, aber sie freute sich kaum, es hier zu sehen. Und wieder Agas Rücken mit dem Zopf: Aga kniete vor dem Klavier und machte Knoten in ein Seil, das sie mitgebracht hatte aus Amerika und von dem sie wollte, daß ich es um das Klavier bände.

»Wenn es brennt, können wir uns daran aus dem Fenster lassen«, sagte Aga. »Jemand in Amerika hat gesagt, verrückt, daß es in Deutschland keine Feuerleitern gibt.«

»Wer hat dir das Seil gegeben?« fragte ich.

»Jemand«, sagte Aga, »und den Gefallen kann ich ihm schon tun.«

Es war vier Uhr nachmittags, und Aga wollte schon wieder schlafen, denn ihr Rhythmus war noch immer verschoben, und übel war ihr auch. Das neue Bettzeug war weiß wie Agas Gesicht, aber dunkel lagen Agas Arme darauf, Stanford gebrannt. Aga hatte amerikanische Kekse mitgebracht, schwarz wie die Hölle, und die aß sie im Liegen und krümelte damit in ihre Haare. »Wenn ich mich aufsetze, wird mir übel«, sagte Aga. Und da wurde ihr auch schon übel, obwohl sie doch liegengeblieben war, und ich mußte die Bettwäsche ein zweites Mal wechseln.

Benno rief an. Er war der erste, der Agas und meine neue Telefonnummer gewählt hatte, und er fragte, ob er mich abholen solle diese Nacht, und ich sagte nein, laut, damit Aga nicht inzwischen einschliefe im anderen Zimmer.

»War die Massage nicht okay?« fragte Benno.

»Sie war okay«, sagte ich, »aber ich kann jetzt nicht.«

»Ich schau mal vorbei gegen zwölf«, sagte Benno, »vielleicht überlegst du es dir noch.«

Ich lief zurück in das verdunkelte Zimmer mit dem weißleuchtenden Bett, ich deckte es auf und kam mir immer noch wie ein gelbes Geschöpf des Wassers vor, wie eine Natter, geschlüpft im Tsangpo und giftig gereift im Brahmaputra, als ich Agas gerade Beine auf dem Laken sah, steif und zusammengepreßt. Vom Fußende kroch ich heran und schob die Beine mit den Schultern auseinander, und Aga ließ sich spalten. Ich teilte sie bis zur Mitte, aber dann drückte Aga ihre Glieder wieder durch, und ihr Rükken wurde zur Salzsäule, und sie wollte nicht aufwachen. So viele Glieder hatte Aga, die scharfkantige Aga, es wurden jedes Jahr mehr, sie wurden immer kleiner und spitzer, und als ich an Aga heraufrutschte und sie mich wieder hinunterzwang, pflügten ihre Hüften meinen Bauch. Ich dachte an das bengalische Mädchen von der Familie der

Wirbellosen und landete zwischen Agas Kniescheiben. So braun waren Agas Beine geworden, nur an der linken Wade ein heller Fleck. Als ich danach fragte, nach dem Fleck, der aussah wie Kaugummi, flüsterte Aga: »Heißes Motorrad!«

Heißes Motorrad. Aga hatte auf einem Motorrad gesessen, und heiß war es gewesen. Aga konnte nicht Motorrad fahren. Aga konnte Straßenbahn fahren, im Winter, mit einem Schal über dem Mund, und sie konnte Fahrrad fahren, im Sommer, mit einem Abstandhalter. Aber Motorrad fahren konnte Aga nicht. Und so mußte ich mir mit der Zunge an Agas Brandnarbe vorstellen, wie mein Mädchen auf ein Motorrad stieg, sich von einem schwarzen Ledersattel spalten ließ und sich einen Rücken so zwischen ihre Knie klemmte, wie sie mich oft in die Zwinge ihrer Beine gespannt hatte. Ich mußte mir vorstellen, wie das Fleisch meines Mädchens an einem heißen Auspuff klebte und wie das Chrom ein Stück aus meinem Mädchen riß, wie das Loch in der Wade meines Mädchens an den Rändern schwarz ausflockte, wie sich das Fleisch am Grund des Loches feucht und rosa zusammenzog und wie mein Mädchen schrie. Und dann hatte mein Mädchen eine neue Haut bekommen, drüben, in Kalifornien.

Gegen Agas Schlaf konnte ich wenig tun. Sie schlief entschlossen und fröhlich, fröhlicher, als sie jemals sein konnte, wenn sie wach lag und steif war und kotzte, und ich konnte mich nicht einmischen in ihre hellen amerikanischen Träume. Ab und zu richtete sich Aga auf im Schlaf.

»What are you guys doing here?« fragte sie und breitete ihre Arme gegen die Wand aus.

»Warten«, sagte ich in ihrem Rücken, wie seit Jahren, ohne, daß sie es hörte.

Es wurde eine Nacht voller Anfassen und Zurückweichen und Zurückweichen vor dem Zurückweichen. Ich schaute Aga beim Schlafen zu und zählte das Aufleuchten ihrer Stirn im Takt ihres Pulsschlags. Dann versuchte ich zu schlafen, und gerade, als sich die Matratze unter mir zurückzog und ich an Höhe gewann, hörte ich, wie Agas Atem kürzer wurde, ich hörte sie die Decke zur Seite schieben, langsam, damit ich nicht aufwachte, und ich wußte, daß sie im Kopf den Weg des geringsten Lärmes absteckte, bevor sie auf allen vieren über das Bett kroch. In der Schlafzimmertür blieb sie stehen, horchte auf meinen Atem. Vielleicht wußte sie nicht, was geschickter wäre, die Tür zuzumachen oder doch lieber nur anzulehnen. Daß die Nummer, die Aga auf dem neuen Telefon wählte, dreizehn Stellen hatte, das wußte ich auch so, und auf das Flüstern und Weinen versuchte ich nicht zu horchen. Ich wartete nur darauf, daß Aga wiederkäme. Und dann kam sie wieder, aber nur, um sich im Dunkeln anzuziehen. Sie ging, ohne sich zu verabschieden. Es war halb zwölf, und ich tat weiter, als ob ich schliefe, bis Benno klingelte.

»Wenn du zum Beispiel lieber ein polnisches Mädchen willst, kannst du es hier haben«, sagte Benno und zeigte auf die Wohnwagen, die am Straßenrand standen, grau und grifflos wie Tresore. Wir fuhren den Siebzehnten Juni entlang.

»Ich will ein asiatisches Mädchen«, sagte ich gehorsam.

»Gut«, sagte Benno, ließ das Fenster herunter und warf seine Kippe die Straße hinauf, als wolle er die Siegessäule in Brand setzen, »du wirst dich verlieben!« Im Taxi stand Zigarettenrauch über den fettigen schwarzen Polstern, interstellare Materie, die Benno durch die Nacht chauffierte, von einem Massagesalon zum anderen. Ich hatte immer ein

Mädchen lieben wollen, das sich Magister nannte, ein Mädchen, das eine Brille trug, die beschlug, wenn ich es aus dem Regen in eine Bar führte, so daß ich es vorsichtig auf einen Stuhl an einen Tisch setzen und ihm ein Bier kaufen mußte. Ich hatte immer ein Mädchen lieben wollen, das nicht aus einer Flasche trinken konnte, ohne daß das Bier darin schäumte, und dessen Scheitel in seinem ganzen Leben noch nie an einer anderen Stelle gesessen hatte, eins, das alle liebten, das vor allem alte kluge Männer liebten, so sehr, daß sie sich bald nur noch von diesem einen Mädchen Kopien machen und Kaffee bringen lassen wollten. Und so war es gekommen, nachdem die Schule aus war: Ich liebte ein Mädchen, das von alten klugen Männern jeden Tag mit Papier gekrönt wurde, und ich schmückte es dafür jede Nacht mit Kronkorken. Die Männer nahmen das Mädchen mit ins Restaurant, zum Essen mit ausländischen Gästen, denn das Mädchen sprach und verstand so schön, und wenn es vor ihnen auf den schmalen feuchtbelaubten Dahlemer Wegen ging, waren seine Beine unter dem kurzen Mantel auch schön. Am Abend kam ich und holte das Mädchen ab und nahm es mit nach Hause, und nachts lehrte ich es inhalieren. Es bekam Rauch in den falschen Hals und hustete. Dann klemmte es sich die Zigarette zwischen die Zehen, denn das Mädchen war sehr gelenkig, und führte sie zum Mund, und da klappte es plötzlich mit dem Inhalieren. Das Mädchen lernte schnell, und wenn es sich konzentrierte, konnte es alles behalten.

Die klugen alten Männer hörten nicht auf, Aga zu lieben. Sie liebten sie schließlich so sehr, daß sie sie wegschickten. Obwohl sie Aga vermissen würden, gaben sie ihr ein Stipendium, flogen sie über einen Ozean und einen ganzen Kontinent und setzten sie an den Rand des nächsten Ozeans, damit sie noch mehr lernte.

Das alles hatte ich nicht vorausahnen können, als ich Agas Zopf zum ersten Mal vor mir gesehen hatte. »Agatha!« In der Englischstunde hatte ich ihren Namen gehaßt, auf Englisch wurde er zu einem Spucklaut, der nicht zu Aga paßte. Aber Aga haßte nicht, sie lernte. Sie nahm die fremde Sprache wie eine Tablette, sie schluckte den fremden häßlichen Namen, und sofort fing das »th« hinter Agas Zähnen an zu zischen.

Benno konnte sich nicht zwischen *Strawberry Parlor* und *Asia Welt* entscheiden, ich aber wollte nur nicht zurück in den giftigen Gewässerhoheitsbereich des bengalischen Mädchens.

»Schisser!« Bennos schwarze Lederjacke knirschte in den Achselnähten, als er am Lenkrad drehte und sich in den Kometenschweif der Kantstraße einordnete. »Feierabend!« sagte er zur Taxizentrale und schaltete den Funk ab.

Benno verliebte sich nur in Nutten, denn mit den Nutten ging es schnell, eine Nutte war von vornherein zu dem bereit, wofür ich bei Aga fünf Jahre gebraucht hatte. Ich hatte Aga Platten vorgespielt und Bier zu trinken gegeben, ich hatte sie abgeholt und auf langen dunklen Umwegen wieder nach Hause gebracht, ich hatte stundenlang an der Teppichklopfstange auf sie gewartet, als ich längst schon zu alt dafür geworden war, und selbst nach fünf Jahren hatte es mit dem Warten noch kein Ende gehabt. Diese Jahre, die Benno erst mit Videospielen und später mit dem Lutschen asiatischer Daumen, Zehen und Brüste zugebracht hatte, waren Trabantenjahre gewesen, doch mein Kreisen um Aga hatte sich gelohnt, denn jetzt gab es eine Wohnung und ein weißes Bett.

»Dein Mädchen ist doch durchgedreht!« sagte Benno.

Das sagte er, seit er Aga zum ersten Mal mit ihrer Scheuklappenbrille gesehen hatte, im ersten Jahr, das ich hinter Aga verbracht hatte und neben Benno, der unentwegt schnelle Autos, nackte Mädchen und elektrische Schaltkreise in ein kariertes Extraheft zeichnete. Aga hatte links und rechts je einen braunen Pappsichtschutz an ihrer Brille befestigt, um sich besser konzentrieren zu können. Die Scheuklappen gaben ihr den perfekten Tunnelblick auf die Tafel und halfen ihr, das Unwesentliche zu übersehen.

»Also, wohin?« fragte Benno.

»Mir egal«, sagte ich.

»Willst du nun dein asiatisches Mädchen oder nicht?« fragte Benno.

Auch die *Asia Welt* war ein stickiges Terrarium, in dem es nach Chlor, Kokospomade und Mentholzigaretten roch. Auch hier gab es ein japanisches Schulmädchen mit heruntergerutschten Kniestrümpfen und einen Tisch voller Salzstangen und rosa- und türkisfarbener Bonbonpapiere. Die asiatischen Mädchen rückten auf dem Sofa auseinander, und Benno zog seine Lederjacke aus, in deren Nähten der Zigarettenqualm und Imbißgeruch eines ganzen Tages hing. Er setzte sich zwischen eine Kambodschanerin mit gebatikter Haut und eine Thai im Bikini.

»Massage und Extraservice für mich und meinen Freund«, sagte Benno. »Sein Mädchen hat einen Liebhaber.«

Die Pigmente im Gesicht der Kambodschanerin sammelten sich, von den Magneten ihrer Pupillen angezogen, dichter um ihre Augen. Sie stand auf, schob sich zwischen Sofa und Tisch hindurch zu mir vor und legte ihre Khmertänzerhand auf meine Schulter.

»Nach oben?« fragte sie, und ihre Zunge sah aus wie eine Pflaume.

Von der Süßigkeit des kambodschanischen Mädchens wurde mir schlecht. Schon hatte ich mich wieder mit Gelbfieber angesteckt. Ich sah die gefalteten bunten Handtücher auf der Heizung und rannte hinaus auf die Straße.

Vor der Tür zur *Asia Welt* stand ich im Fieberfrost meines Rückfalls und zündete mir eine Zigarette an, damit mir die Glut in der Nähe meiner Wange das Gesicht wärmte. Der Perlenvorhang teilte sich und Benno pfiff und warf mir seinen Autoschlüssel zu. Er hielt den Zeigefinger hoch: nur eine Minute! Mein Mädchen hatte einen Liebhaber. Mein Mädchen hatte einen amerikanischen Liebhaber. Ich verstand Bennos Satz so wenig, wie ich Agas Briefe aus Stanford verstanden hatte, aus San Francisco, wo die rote Erde unter Agas Füßen angefangen hatte zu beben. Aga hatte mir geschrieben von den Palmenalleen und unechten Kaminfeuern von Stanford, den sauberen Straßen, den hellen Bibliotheken und eiswürfelkühlen Büchern und von den jungen, klugen und reichen Studenten. Stanford, das las ich immerhin heraus, war ein Ort, an dem sich Aga nicht nach ihrer Scheuklappenbrille zurücksehnte, während es ihr in Dahlem, wo die Leute an die Flurwände schrieben und ihre Zigaretten gleich daneben ausdrückten, wo es nach regennassen Kleidern in Plastiktüten roch, immer leid darum gewesen war. Aber sie hatte Dahlem einfach hingenommen, wie sie mich einfach hingenommen hatte und wie sie es auf der gelben Tagesdecke hingenommen hatte, daß Freddy Mercury nicht aufhörte zu singen, weil die Platte einen Sprung hatte. Freddy Mercury sang, bis sich seine Stimme schließlich durch das Fenster in die meteoritendurchschwärmte Nacht hinausschraubte und wir sie nicht mehr hörten.

Ein Mädchen ließ sich auf die Rückbank des Taxis fallen. Es hatte die gleiche Lederjacke an wie Benno. Daß es genaugenommen Bennos Lederjacke war, sah ich erst, als sich Benno im bloßen Hemd hinter das Steuer schob. Das Mädchen rauchte, aber filterlos und ohne Menthol, und unter Bennos Jacke trug es ein Pokémon-T-Shirt. Es war groß für eine Asiatin, und die Haare hatte es unter den Ohren gerade abgeschnitten. Der Mittelpunkt seiner rot geflammten Wangen lag direkt unter seinen Augen, und das waren Tundraaugen, Weitwinkelaugen, gewöhnt an die Niedrigkeit unendlicher Kältesteppen.

»Dann wollen wir mal, Miss Innerasien!« sagte Benno.

»Blödmann, ich bin doch aus Japan«, sagte das Mädchen und zog sich einen Zipfel von Bennos Lederjacke unter ihrem riesigen Hintern weg, »aber mein Großvater war von Sachalin. Hier drin stinkt es übrigens!«

»Die ist was für dich«, sagte Benno und zeigte nach hinten. »Dann wollen wir mal!«

Ich widmete den Schnitt in meinem Kinn dem asiatischen Mädchen, das mich am Morgen so früh verlassen hatte.

Benno rief an und sagte: »Was für ein Heuschober von einem asiatischen Mädchen!«, und ich legte auf und wischte mir mit dem feuchten T-Shirt, das von meinem Nacken hing, den Rasierschaum vom Gesicht.

Als Aga kam, hatte ich das Bett schon abgezogen und war ins Badezimmer gelaufen mit dem neuen Bettzeug, das nicht mehr weiß, sondern gelb war und schwer von den Rückständen des asiatischen Mädchens, den Schweißkristallen und dem ölschillernden Speichel. Ich stopfte das Bettzeug in die Waschmaschine, und da stand Aga in der Badezimmertür und sagte: »Das mit dem Kotzen tut mir leid!« Sie war mir fremd, die bräunliche Knochensammlung, die Aga drüben in Amerika geworden war.

»Wo bist du gewesen?« fragte ich.

»Zu Hause«, sagte Aga. »Das mit dem Kotzen ist eben so am Anfang, da kann man wohl nichts machen.«

Ich schaltete die Waschmaschine ein und wartete, bis sie Wasser ansaugte, mit einem Schlürfen. Dieses Schlürfen wollte ich hören, damit ich Aga nicht gehen hören müßte, aus unserer Wohnung, von unserem Ort. Aga ließ den Schlüssel auf der Waschmaschine liegen. Aber was ich nicht verhindern konnte war, daß ich ihren Rücken sah, als sie ging.

In aller Welt

In Botswana bleiben zurück: ein Zahn von mir aus den Schneidezähnen und eine Schlange, die den Zahn in ihren Bau im Busch mitnehmen und für mich vergraben wollte, wie sie mir versprach.

Im Flugzeug speichere ich die Schlange in der Adressendatei unter *Abgeordnete.* Ich habe Abgeordnete, Statthalter und Vertreter auf allen Kontinenten, denn mein Vater ist Botschafter. Und seit ich bleibende Zähne bekomme, hinterlasse ich die ausgefallenen Milchzähne der Erde meiner Kolonien. Wenn ich gehen muß, bleibt immer etwas von mir da. Das ist ein schöner Brauch. Oft wächst ein Baum aus meinem Zahn, je nach Klimazone eine Platane oder eine Eiche, aber immer ein Baum, den die Eingeborenen gerne verehren.

Wir fliegen über Bangkok nach Hongkong. In Hongkong beziehen wir ein Penthouse mit zwei Fahrstühlen: einem für uns und einem für die Lieferanten. Unser philippinisches Dienstmädchen nenne ich nach meiner Dienerin, Freundin und Pressesprecherin, die ich in Botswana zurücklassen mußte, Lydia. Dieses Dienstmädchen Lydia hier ist ein bißchen dick und sehr traurig, genau wie meine schwarze Lydia in Botswana, deren Treue mir unvergeßlich bleibt.

Nach einer Woche des Auspackens, in der ich aus dem Fenster auf den Victoria Peak gucke, komme ich in die dritte Klasse der Internationalen Schule. In Mathe sind die nicht sehr weit, deshalb gucke ich auch hier aus dem Fenster und auf einen Jungen namens Jesús aus Argentinien, der mich an all die hübschen Jungs in Buenos Aires erinnert, die ich auch einmal verlassen mußte. Jesús hat eine niedrige Stirn, darüber einen Seitenscheitel mit je einem dicken Haarpolster rechts und links. Er hat eine Haut, die gleichzeitig braun und durchsichtig ist, und er trägt einen dunkelblauen Sweater unter dem Schuljackett, obwohl es dafür viel zu warm ist.

Nach dem Unterricht spreche ich ihn an. Er steht mit zwei englisch-chinesischen Mischlingsmädchen vor der Pförtnerloge herum. Die Mädchen haben Sonnenbrillen auf dem Kopf, und sie heißen Amy und Mary Ellen. Das ist auf ihre Prada-Sportbeutel gestickt.

»*Hi, Jesús!*« sage ich, als ob ich eigentlich vorbeigehen wolle. Dann bleibe ich doch stehen, als sei mir ganz plötzlich etwas eingefallen. »*Why don't we do lunch together?*« frage ich und schiebe mir auch eine Sonnenbrille ins Haar.

»*Okay*«, sagt Jesús.

Ich habe meine erste Verabredung in Hongkong.

Allerdings möchten alle drei von mir zu Dim Sum eingeladen werden. Wir nehmen eins der Taxis, die vor der Schule Schlange stehen, und fahren zum Macau Room. Der Macau Room ist ein Club, in dem mein Vater Mitglied ist, genau wie die Väter von Jesús und Amy und Mary Ellen, wie wir feststellen. Das ist ein lustiger Zufall, und doch wieder keiner, denn im Macau Room ist der Vater von fast jedem an unserer Schule Mitglied. Wir sitzen auf Stühlen mit hohen rosagepolsterten Lehnen. Am Nebentisch sehe ich den Präsidenten der Hongkong & Shanghai Bank mit ein paar Leuten. Ein Kellner kommt mit einem Eimer und zeigt dem Präsidenten einen Fisch, der wild mit dem Schwanz schlägt.

Unsere Dim Sum kommen in vier hohen Türmen aus übereinandergestapelten Bambusdosen. Sie schmecken ein bißchen nach zwischen den Beinen, aber Dim Sum im Macau Room sind einfach ein Must. Es wird ein netter Nachmittag.

Als ich nach Hause komme, ist mein Vater in Indonesien und meine Mutter für drei Monate in einem buddhistischen Kloster, wie ich meiner Mailbox entnehme. Ich bleibe allein mit Lydia.

Beim Abendessen vertraut Lydia mir an, warum sie so dick und traurig ist: Sie hat ein Kind im Bauch und eines in Manila. Sonntags, wenn die philippinischen Dienstmädchen von Hongkong frei haben, trifft sie sich mit ihren Freundinnen auf dem Statue Square, und alle überlegen gemeinsam, was Lydia nun tun soll.

Lydia läßt mich die Tritte ihres Babys fühlen, und ich erinnere mich an die vielen Geschwisterchen, die meine Mutter von ihren spirituellen Ausflügen mitgebracht hat – das letzte von den Beduinen, als sie noch islamisch war. Das ist jedesmal eine traurige Geschichte, denn nie kann Mama meine Geschwisterchen behalten. Stattdessen geht sie erst zum Doktor und dann zur Erholung in den Altai, wo sie geklärte Butter trinkt und für eine Weile Zoroastrikerin wird.

Um zehn Uhr abends halte ich es nicht mehr aus. All diese Erinnerungen deprimieren mich, und ich muß dringend etwas gegen die Einsamkeit tun. Ich page Jesús und Amy und Mary Ellen an. Gleich darauf ruft Amy zurück. Ich ernenne sie und Mary Ellen zu meinen Drogenbeauftragten und schicke sie nach Mongkok um Opium.

Sie kommen mit einer Tüte voll bei mir vorbei. Ich nehme die Tüte und sage den Mädchen, sie sollen den Chauffeur, der unten auf sie wartet, zu Jesús schicken und ihn holen lassen, denn Jesús wird für ein paar Tage zu mir ziehen, und das soll der Chauffeur seinen Eltern ausrichten. Amy und Mary Ellen sind traurig. Sie wollen auch für ein paar Tage zu mir ziehen. Sie wollen überhaupt alles, was Jesús macht, auch tun. Ich lehne ab, aber ich danke ihnen, daß sie mir ihren Chauffeur zur Verfügung stellen, und ich lasse ihnen von Lydia in der Küche einen Tee servieren. Die Aufzugtür macht Pling, und als Jesús dann im Flur steht, will ich Amy und Mary Ellen gleich mit dem Aufzug wieder hinunterschicken, aber Jesús besteht darauf, daß sie bleiben. Und so bleiben sie alle drei.

Wir leben drei Tage von Opium und Lydias Kochkünsten, sehen fern und flechten Zöpfe in Amys und Mary Ellens chinesisches Haar. Wir lesen die Gelben Seiten und lassen alle möglichen Leute kommen, die uns professionell massieren, pediküren, aus der Hand lesen, akupunktieren, unsere Maße für einen Smoking nehmen, Unterwäsche und Küchengeräte vorführen. Ein Clown kommt und muß wieder gehen, und ein Mann mit einem Koffer voll Schröpfköpfe und Blutegel. Wir lachen uns halbtot!

Wir bauen uns Zelte aus Decken, die wir über die Möbel werfen und mit asiatischer Kunst beschweren. Es ist, wie ich mir ein richtiges Ferienlager vorstelle. Ich war noch nie in einem Ferienlager, es sei denn, man zählt die Stutenmilchkur mit Mutter in Jakutien dazu.

Nach zwei Tagen merke ich, daß ich glücklich bin und nicht mehr deprimiert. Ich habe Freunde. Ich kann mich nicht erinnern, jemals so gute Freunde gehabt zu haben, in keiner Kolonie, auf keinem Kontinent. Ein fähiger Abgeordneter, ein ergebener Diener oder ein leidenschaftlicher Verehrer ist etwas Schönes, doch nichts ist besser als ein guter Freund. Nachts höre ich gerne zu, wie Jesús auf Spanisch träumt. Sein Atem riecht erdig, nach Champignons. »*Para siempre?*« frage ich und hoffe, daß es »Für immer?« auf Spanisch heißt. »*Seguro!*« sagt Jesús und dreht sich auf die andere Seite, zu Amy und Mary Ellen. Amy und Mary Ellen schlafen ruhig und lutschen am Daumen, die weißen Gesichter in einem schwarzen Berg von Haaren. So soll es immer sein!

Nach drei Tagen – es ist Sonntag und Lydia trifft ihre Freundinnen auf dem Statue Square – sagt Jesús:
»*I want to go now!*«

Ich bin wie vor den Kopf geschlagen. Amy und Mary Ellen sehen zu, wie Jesús aus seinem wildseidenen Kimono steigt und sich den alten dunkelblauen Sweater irgendwo aus dem Berg von Kleidern fischt, den wir in einer Ecke zusammengeharkt haben. »*Yeah, we want to go, too!*« sagen Amy und Mary Ellen dann. Ich bereite gerade unser Bad in warmem Lycheesaft vor und kann nicht fassen, was sie da sagen. So wie es ist, so soll es doch immer sein, und das habe ich ihnen jede Nacht gesagt, in jeder Sprache, die ich kann. Ich hätte es mir unterschreiben lassen sollen. Ich sehe, wie sie zögern, aber ihre Blicke fliegen zur Fahrstuhltür. Ich renne zur Tür und schließe ab, verschlucke den Schlüssel. Amy und Mary Ellen machen runde Augen. Amy schaut zum Telefon. Ich bin schneller als sie, renne mit dem Hörer in die Küche und schmeiße ihn in den Müllschlucker.

Dann müssen sie sich an die Wand im Wohnzimmer stellen, Beine auseinander. Ich filze sie und nehme ihnen die Pager weg, lasse sie den Weg des schnurlosen Telefons gehen. Die Monate in Moskau zahlen sich aus.

Mary Ellen fängt an zu weinen. Mir ist schlecht, ich fühle mich wie Alice im Wunderland, zu klein und zu groß für dieses Haus, für diese Welt. Ich habe langsam genug von Hongkong.

»*After all we are friends, aren't we?*« frage ich, meine Hand in Jesús' Nacken, genauso sanft, wie ich sein Gesicht mit der Wange gegen die Wand drücke. Aber es hat ja alles keinen Zweck mehr.

»*I'm not your friend anymore, puta!*« brüllt Jesús. Er stößt sich ab, und an der Wand bleibt ein fettiger brauner Fleck von seiner Wange, gegen den ich ihn wieder und wieder drücke. Ich presse mich an seinen Rücken, versuche, ihm die Beine wegzuhebeln, aber er schubst mich, und ich falle gegen den Tisch, der unsere Höhle war. Die Vase, mit der wir die große gelbe Steppdecke beschwert haben, fällt vom Tisch und zerbricht, es ist eine Vase aus irgendeiner alten chinesischen Dynastie. Ich greife im Fallen nach einem Jadegott, um Jesús damit den Schädel einzuschlagen, aber Jesús läuft davon und Amy und Mary Ellen tun es auch. Ich stehe auf. Meine Hüfte tut weh. Ich renne meinen Freunden nach, durch die Küche in den Dienstbotenflur, an Lydias Zimmer vorbei. Der Lieferantenaufzug! Ich habe vergessen, die Tür zum Lieferantenaufzug abzuschließen!

Ich bin schnell und versetze Jesús einen Karatetritt an die Schläfe. Amy und Mary Ellen sind starr vor Schreck und schreien nicht. Dann sage ich den Mädchen, sie sollen mir helfen, Jesús an den Armen ins Badezimmer zu schleifen und in die Badewanne zu wuchten. Amy und Mary Ellen setzen sich fast ganz von selbst hinein.

Der Lycheesaft ist klebrig und dicker als Wasser. Jesús', Amys und Mary Ellens Kleider saugen sich daran dunkel. Jesús ist schon ganz in die Wanne gerutscht, seine Haare wogen hin und her mit den Wellen, die Amy und Mary Ellen machen. Ihre Haare sind erst an den Spitzen naß und zuckerig, aber gleich werden sie tiefer eintauchen und so viel von dem leckeren süßen Saft schlucken, bis ich »Stop!« sage. Aber ich sage nicht »Stop!«

Ich halte es ohnehin nicht länger aus in Hongkong. Als Jesús zu sich kommt und aus der Wanne springt wie ein frischgetaufter Baptist, die Haare gegen mich ausschüttelt, daß mir der Saft in die Augen spritzt, und mir mit seiner sonst so weichen Hand ins Gesicht schlägt, habe ich längst andere Pläne. Daß Amy und Mary Ellen nun doch schreien, daß sich ihre spitzen kleinen Nägel in meine Schenkel bohren, spielt keine Rolle mehr. »Mama!« schreien Amy und Mary Ellen, wie Kinder.

Ich lasse das Blut aus meinem Mund in die Wanne tropfen und höre meine Freunde den Flur hinunterrennen, höre, wie die Tür des Lieferantenaufzugs geht. Das Blut mischt sich schlecht mit dem dicken Saft in der Wanne. Es zieht hellrote Schlieren und sinkt so langsam auf den Wannenboden wie ein Schal aus Chiffon auf die Erde. Der Zahn sinkt schneller und in einer dunkleren Blutwolke. Ich ziehe den Stöpsel.

Erst schreien Jesús', dann Amys und Mary Ellens Eltern auf den Anrufbeantworter. Ich habe schon das Nötigste gepackt. Ich ziehe Lydias Alltagsmantel an, binde mir ein Tuch um den Kopf und setze eine Sonnenbrille auf. Als sich unten in der Lobby die Tür des Lieferantenaufzugs öffnet, sieht der Pförtner kaum von seinem Gameboy auf. Meine Schuhsohlen sind klebrig. Ich gehe an der Tiefgarage vorbei und erwische gleich auf der Kennedy Road ein Taxi. Zum Flughafen. Ich weiß, ich kann nicht zurück nach Hongkong, aber ich habe ja die Wahl zwischen unzähligen Dependancen. Mandschuguo, Surinam, Belgisch Kongo? Ich habe die Wahl. Überall tanzen die Eingeborenen um einen Baum, der aus einem meiner Milchzähne gesprossen ist. Ich habe die Wahl. Und Geld spielt keine Rolle. Ich bin ein Flüchtling, aber mit einer Menge Freimeilen.